D1097183

LV

Jorge Bárcena

Cómo lograr
mejores relaciones
por medio de la
ASTROLOGÍA

SELECTOR®
actualidad editorial

SELECTOR ®
actualidad editorial
Doctor Erazo 120 Colonia Doctores México 06720, D.F.
Tel. (52 55) 51 34 05 70 Fax. (52 55) 57 61 57 16
LADA SIN COSTO: 01 800 821 72 80

Título: *Cómo lograr mejores relaciones por medio de la astrología*
Autor: Jorge Bárcena Narváez
Colección: Esoterismo

Diseño de Portada: Socorro Ramírez Gutiérrez
Ilustración de portada: Istockphoto

D.R. © Selector, S.A. de C.V., 2009
        Doctor Erazo, 120, Col. Doctores
        C.P. 06720, México, D.F.

ISBN: 978-607-453-039-1

Primera edición: noviembre 2009

Sistema de clasificación Melvil Dewey

130
B11
2009

Jorge Bárcena Narváez
Cómo lograr mejores relaciones por medio de la astrología /
Bárcena, Narváez, Jorge.--
Cd. de México, México: Selector, 2009.

248 pp.

ISBN: 978-607-453-039-1

1. Filosofía. 2. Astrología. 3. Psicología.

La pareja tiene una doble misión cósmica:
conservar la especie humana
y propiciar el desarrollo de sus integrantes

Contenido

Introducción

Las relaciones de pareja se han convertido en un tema candente. El número de divorcios crece continuamente y, en consecuencia, los jóvenes se muestran cada vez más renuentes a formalizar sus vínculos con el matrimonio. Por doquier vemos relaciones maltrechas y tal parece que no hay manera de lograr una permanencia satisfactoria.

Esta situación se debe en gran medida a que abordamos nuestras relaciones quizá con la mejor voluntad, pero sin habernos ocupado de adquirir los conocimientos y habilidades necesarias y, con frecuencia, basándonos en creencias erróneas, como suponer que se trata de un asunto de buena o mala suerte.

Para tener éxito en cualquier posición laboral se requiere de una capacitación específica, entonces, ¿por qué pensar que la armonía conyugal, ingrediente básico de nuestra felicidad y autorrealización, debiera hacerse realidad como por arte de magia, sin tener una adecuada preparación?

Como punto de partida es indispensable conocernos a nosotros mismos, tener claridad sobre nuestros verdaderos anhelos, objetivos, carencias y potencialidades y atender nuestro crecimiento personal. Para ello, es fundamental trabajar con ahínco, procurando ser cada vez mejores y lograr, con ello, niveles más altos de satisfacción, aprovechando a cabalidad la oportunidad de vivir.

Pero no basta con ocuparnos de nosotros mismos y de nuestra pareja, conocerla, procurarla, conquistarla continuamente y apoyarla en el logro de sus propios anhelos.

Si uno no está comprometido consigo mismo, ni está completamente decidido a sacar adelante su relación de pareja, poco es lo que en verdad se puede conseguir.

Por lo general, se piensa que es suficiente con tener cierta compatibilidad, agradarse físicamente y estar enamorados. Esto no es así. Las relaciones humanas son complejas y, si no se basan en condiciones sólidas, el resultado es poco grato.

Con el paso del tiempo vamos cambiando. Los sentimientos se desgastan. Lo que ayer era atrayente y maravilloso, se desajusta con el sólo hecho de vivirlo; si no lo cuidamos de manera adecuada, tarde o temprano se vuelve insípido y, aun, conflictivo.

Si consideramos las circunstancias en las cuales se forma una pareja, comprenderemos que es lógico que las cosas no marchen bien entre ambos.

Cada uno tiene su propia personalidad. Aunque ambos provinieran de un mismo estrato social, sus hábitos, aspiraciones, cultura, valores, educación, expectativas y grado de madurez son diferentes, por más que guarden determinadas similitudes y afinidades. Por eso decimos, aunque parezca una simpleza, que el otro es otro. Tomar en cuenta esto es esencial. Por condición natural, somos distintos y debemos estar dispuestos a tolerar las diferencias.

Lo que se comparte en el noviazgo no es la persona completa. Mostramos sólo una parte de lo que somos y, a menudo, ésta no es auténtica, sino maquillada con el fin de agradar y cautivar. Días después de la boda, cada uno descubre en su compañero facetas que ni siquiera imaginó.

Idealizamos nuestra relación. En el hogar paterno observamos situaciones de tirantez y confrontación; no obstante, muchas parejas imaginan que todo será radiante y que reinarán el amor y la armonía. De esta suerte, cuando comienzan a surgir las primeras diferencias, sobreviene el desencanto y la frustración. Deberíamos dar por hecho que los problemas vendrán ineludiblemente. Enfrentarlos y darles solución fortalece la pareja.

Cada uno se forma expectativas acerca de su consorte. Uno se imagina que el otro hará tal o cual cosa, como complacernos en todo, sernos fiel, etc. Sin embargo, esas expectativas las guardamos calladamente, esperando que el otro las satisfaga sin conocerlas y, desde luego, sin haberse comprometido expresamente a atenderlas.

En la etapa inicial, procuramos cautivar al otro por medio de atenciones y mimos. Cada uno se desvive por complacer al otro. No obstante, una vez formalizada su relación, se da por sentado que, como el otro le pertenece, ya no es necesario cultivar su afecto, ni ganar cotidianamente su voluntad.

Lograr mejores relaciones de pareja requiere de conocimientos, habilidades, disposición y ajustes, amén de los ingredientes afectivos y de agrado mutuo.

En el empeño de conseguir relaciones de pareja más armónicas, la astrología tiene mucho que aportar. Desde luego, no se trata de leer los horóscopos genéricos y superficiales que aparecen en cualquier diario o revista, sino de estudiarla con profundidad y utilizarla con pleno conocimiento de causa.

Aquí entregamos al lector las orientaciones necesarias para aplicar los principios y técnicas astrológicas con el fin de que enriquezca su vida personal y de pareja.

Partimos de una cosmovisión universal para ubicar en ella la presencia del ser humano y la misión de las relaciones de pareja en ese contexto.

Asimismo, describimos el proceso del desarrollo humano desde la perspectiva de la psicología transpersonal y de la astrología, integrando ambas interpretaciones.

Se enumeran diversas herramientas astrológicas que, con distintos grados de profundidad y precisión, nos ayudan en el empeño de obtener mejores relaciones de pareja.

En particular, nos referimos a la compatibilidad de las personas en función del signo en el que se encontraba el Sol en la fecha de su nacimiento y de la combinación de las energías representadas por los elementos astrológicos, para desembocar en una tipología descriptiva de las relaciones de pareja.

Por último, aludimos a los hallazgos de la investigación en el comportamiento de las parejas, acerca de las variables que conducen a conseguir una mejor integración y armonización de sus integrantes, destinada al aprovechamiento de los factores de afinidad natural y al manejo óptimo de los aspectos discordantes y conflictivos.

Como telón de fondo, destacamos la importancia de comprometernos como individuos a ser mejores personas cada día, a compartirnos cabalmente con nuestra pareja. Se trata de abordar con fundamento y destreza el arte de vivir en compañía, pero preponderantemente, de darnos la oportunidad de vivir con plenitud.

La pareja cósmica

Los seres humanos no hemos surgido de manera espontánea. Somos producto de un largo proceso que data por lo menos de unos 15 mil millones de años.

En nuestro planeta existe una multitud de especies entre animales y plantas, con diferentes formas, tamaños y modos de vida, pero todas están compuestas básicamente de los mismos elementos químicos, entre ellos, el oxígeno, el carbono, el hidrógeno, el nitrógeno, el azufre, el fósforo y otros 25 más, que aparecen en proporciones menores.

Desde los protozoarios hasta los animales gigantescos del Jurásico o el *Homo sapiens*, estamos constituidos por unidades muy similares que llamamos *células*. Con el reino vegetal sucede exactamente lo mismo. Lo que la ciencia ha descubierto acerca del ADN nos muestra con claridad que todos los seres vivos somos hermanos. Los pares de hélices que aparecen en las estructuras biológicas de una mosca, de un elefante y el hombre, son muy similares y difieren sólo en la cantidad de cromosomas que las conforman.

Más aún, todas las formas existentes, con vida o inanimadas, compartimos un sustrato similar integrado por átomos, los cuales se combinan de muy diversas maneras para dar existencia a una gran variedad de sustancias y materiales. El pasto, las flores, las tortugas, los pajarillos, el enrejado de nuestro jardín, el vehículo que está estacionado enfrente y aun el ojo que los ve, en apariencia son completamente distintos, pero, en el fondo, tienen una idéntica trama atómica y molecular.

El mundo en que vivimos y el Universo entero no surgieron tal como son ahora, sino que se han ido construyendo de modo paulatino. No obstante, el orden material, la sustancia básica, es decir, el sustrato de los átomos, subsiste a lo largo de los millones de años de evolución. Permanece como condición primordial en la que se sustentan todas las formas.

Después del Big Bang, ha tenido lugar una actividad incesante que dio como resultado la formación de nuestra galaxia y, dentro de ésta, de nuestro sistema solar y nuestra casa, la Tierra.

Transcurrieron muchos millones de años sin que sobre la faz de nuestro planeta habitara ser vivo alguno. Fue necesaria una serie de transformaciones para que en algún momento surgieran los primeros protozoarios. A partir de ahí, ha emergido una multitud de especies.

Cada nueva especie conserva muchos de los avances de las anteriores e incorpora nuevas habilidades y aprendizajes. De esta manera, como resultado de una larga y compleja serie de transformaciones ocurridas a lo largo de varios millones de años, surge el ser humano.

Nada nos dice que tales transformaciones ya han concluido. La evolución continúa. Por lo mismo, no podemos pensar que el hombre es el último eslabón de esta gran cadena. Todo lo contrario. El hombre, la humanidad entera, continúa en evolución. No somos el producto final de este largo proceso.

Pero no cabe duda, todo se origina a partir de un mismo esquema. Todo es parte de un plan único. Estamos integrados en un proyecto cósmico. Todo lo que existe tiene un mismo origen y un mismo destino. Todo posee una dinámica unitaria. Sólo tenemos que asomarnos a fondo para poder apreciar un esquema de lo que sucede con la totalidad.

La secuencia con la que se han desplegado los diversos episodios de este gran proceso universal nos indica con claridad que la marcha es lenta, pero siempre ascendente. Vamos de lo sencillo a lo complejo, desde los organismos unicelulares a los pluricelulares, desde los seres vivos que se guían por sus patrones biológicos hasta aquellos que saben que existen y están en posibilidad de definir su destino, como es el caso de los seres humanos.

En el libro de la naturaleza podemos leer que todo se mueve hacia la superación de los esquemas previos, de modo que van surgiendo formas cada vez superiores a las precedentes, es decir, que todo evoluciona y camina hacia el desarrollo.

Algunas especies dejan de ser útiles al propósito evolutivo de la totalidad y aparecen otras nuevas que están dotadas de mejores órganos, lo que les permite desempeñar funciones más complejas. El ser humano es, hasta ahora, el producto más evolucionado de esta trama, pero no el último.

El Universo marcha con una estructura y organización maravillosas. Baste citar la perfecta disposición de nuestros ojos para que estemos en condiciones de ver o la dinámica de los planetas que giran alrededor de nuestro sol, los matices dorados de un atardecer, la fuerza del amor o la fortaleza de una madre para sacar a sus hijos adelante.

Algunos imaginan que este megaproyecto universal surgió de la nada, que no hubo una entidad creadora y que existe una especie de azar con alguna inteligencia. Sin embargo, al contemplar las maravillas del Universo, fácilmente nos invade la certidumbre renovada cada día de que, atrás de todo esto, existe una entidad superior: Dios.

No necesitamos imaginar a Dios como un viejo con barba que mueve a capricho los acontecimientos; ni siquiera con forma humana o con un nombre determinado. Más aún, ni tenemos por qué concebirlo de igual forma que otros.

Einstein advirtió que "Dios no juega a los dados", es decir, que Él ha establecido una estructura en la que están puestas las reglas del juego y nosotros, los seres humanos, así como los diversos productos de su creación, existimos y nos conducimos en función de ellas.

Él mismo no puede romper el orden que ha establecido. Cuando alguien eleva sus oraciones y pide que Dios haga algo determinado, no ocurrirá lo que no debiera. Sí, los rezos tienen un poder creador, expresado gracias a la mente supra-consciente, pero éste no se conduce de manera caprichosa y desarticulada. Ello significa que no estamos sujetos al azar. Nuestro destino no depende de que tengamos buena o mala suerte.

En el Universo, las relaciones sucesivas de acontecimientos obedecen a una causa y a un propósito. Somos, como humanidad y como seres individuales, resultado del reflujo de nuestra adaptación en un contexto con leyes determinadas. Como diría el poeta mexicano Amado Nervo, somos "arquitectos de nuestro propio destino".

En ese gran marco de actuación, todo está en constante movimiento y permanente transformación. La naturaleza nos muestra con claridad que no se trata de cambios sin sentido, sino que las formas de vida van de lo sencillo a lo complejo y que el avance se produce desde estructuras menores hasta estadios de un orden superior.

Cada salto de avance incluye, superado, al anterior. Esto es posible observarlo en el feto humano, que para nuestra sorpresa reproduce algunas de las facetas previas, adquiriendo formas sucesivas de pez, de reptil y, finalmente, humanas.

Las unidades originales han ido aprendiendo a integrarse continuamente en otras unidades mayores, obteniendo capacidades que rebasan las de las anteriores. Al dar un nuevo paso, se van generando nuevas formas, dando origen a seres con una disposición más avanzada y, en el caso de los seres humanos, con una identidad cada vez más inclusiva. Lo observamos con claridad en las capacidades que muestran los niños que han nacido en los últimos años. Parecen tener una inteligencia más amplia, una capacidad de aprendizaje y comprensión mayor que la de nuestros abuelos. Despliegan habilidades para las que, en apariencia, no se han entrenado, pues las portan de manera congénita. Traen consigo, replegado en su conciencia, un paradigma diferente que les transmite un sentido de vida distinto al que la generación inmediata anterior aprendió.

Los niños ya no son como los de antes, pues han acumulado en su verdadero ser una serie de aprendizajes desarrollados a lo largo de sus múltiples presencias en la vida. Los aprendizajes logrados a lo largo de reiterados ciclos de nacimiento-muerte-renacimiento, los han dotado de capacidades inimaginables.

Todo lo que existe está en camino de ser algo mejor, es decir, vive un proceso de desarrollo. Éste sigue un camino secuencial, previsible y ordenado. No es sinuoso, ni está sujeto al azar o es elegible a capricho. Lo queramos o no, lo sepamos o no, avanzamos en función de una secuela definida de desarrollo.

Nuestra condición esencial nos impulsa a desplegar el potencial que tenemos replegado y, día con día, estamos siendo llamados a ponerlo de manifiesto. Nos ocurre lo mismo que a una semilla de cualquier planta. Contamos con una disposición natural que nos lleva a vivir un proceso de despliegue de ciertas capacidades latentes.

La semilla de maíz no tiene más que ser puesta en un terreno propicio y su naturaleza le conducirá a convertirse en una mazorca. La nuez sólo requiere de un ambiente adecuado para transformarse día con día y acabará convirtiéndose en un nogal. En ocasiones, ocurre que cuando el ambiente no es propicio se hace el milagro y el proceso de adaptación da origen a una variedad. Así es como se originan las nuevas especies.

Igual ocurre con el hombre. Al vivir, va desplegando paulatinamente sus capacidades, como resultado de la interacción de sus impulsos internos y de las condiciones y experiencias que le proporciona el ambiente en que nace y actúa. A veces el ambiente es cómodo y propicio y, en otras, adverso y fastidioso, pero en todos los casos brinda un estímulo que, si se combina con el empeño, da oportunidad de crecer y desarrollarse.

La herencia biológica, el comportamiento de los padres, la ubicación en un determinado contexto socio-económico-cultural, las oportunidades y carencias, son elementos que propician nuestro desarrollo. Lograrlo es nuestro quehacer. Los problemas y oportunidades, las alegrías y sinsabores, los amigos y enemigos, las guerras y pacificaciones son oportunidades para aprender y ascender.

El ser que somos no es únicamente nuestro cuerpo. El ser que somos no es tampoco nuestras emociones. No es nuestra mente. Más bien, este ser posee estos atributos para poder manifestarse y lograr sus finalidades, mas los trasciende, es decir, existe con independencia de ellos. No decimos que estos "órganos de expresión" carezcan de importancia y sean deleznables. Todo lo contrario. Son vehículos y capacidades de nuestro ser sin los cuales no podríamos vivir y, en consecuencia, ameritan toda nuestra atención y cuidado.

El ser que somos se conforma por todos los principios, realidades y capacidades posibles de existir en el cosmos. Nuestra tarea es conocerlos, cultivarlos e irles dando expresión a lo largo de nuestra vida. El desarrollo no es otra cosa que ir descubriendo y asumiendo poco a poco todo lo que somos.

Nuestra naturaleza esencial es lo infinito y lo eterno. Somos consustanciales con Dios. En cierta forma, somos Él mismo, pero aún lo somos propiamente, pues nuestra forma humana sólo es el ropaje del ser que es desde siempre.

Cada nuevo avance en este proceso de despliegue nos hace acercarnos a nuestro destino final, que es reintegrarnos en Dios. El proceso que permite desplegar nuestras potencialidades consiste en darnos cuenta y asumir lo que vamos siendo acrecentadamente. Mediante él vamos haciéndonos conscientes de una porción mayor de nuestra realidad total y operando sobre ella.

El desarrollo está habilitado por un proceso de concientización. Para avanzar debemos acrecentar nuestra capacidad de darnos cuenta. No es una tarea fácil, en especial por el hecho de que nuestra percepción divide la realidad en pares de categorías: lo valioso y lo no valioso, lo útil y lo inútil, lo bueno y lo malo, lo conveniente y lo inconveniente, etc. Esto provoca que nos ubiquemos y, en ocasiones, rechacemos una parte de la realidad total.

La totalidad del ser que somos debe realizarse y asumirse de manera consciente a lo largo del tiempo. Desde su origen, dicha totalidad es todo lo que ha de llegar a ser, pero no "se da cuenta" de que lo es. Es mediante sus diversas experiencias que va tomando conciencia de sí mismo y asumiendo tal carácter. Los cabalistas consideran que surgimos porque Dios quiso contemplarse a sí mismo.

El hombre seguirá cambiando de piel y construyéndose nuevo vestuario hasta el día en que pueda ver por medio de los ojos reales del ser. Entonces, habrá alcanzado la plenitud que vino a buscar. Ya no será de este plano y trascenderá; se subirá a la siguiente onda de la espiral para llegar finalmente a Dios, regresando al hogar de donde vino, del cual en realidad nunca salió. La existencia de nuestro sistema solar obedece a determinadas leyes y su comportamiento no está ligado al azar. Todo lo que existe tiene una causa y, por lo tanto, no hay algo que no "debiera" existir, puesto que si está presente es porque hay una causa como marco de sustentación. Todo lo que existe y haya de existir se sustenta en el marco de las leyes que gobiernan el universo, tiene cimentada su existencia en función de una causa que lo lleva a manifestarse.

Todas las manifestaciones que ocurren, poseen un sentido en el lenguaje del cosmos, pues, de otra forma, no existirían.

Aceptar lo contrario es creer en la casualidad y, por tanto, afirmar que estamos a expensas de que ocurra cualquier cosa sin sentido alguno.

Cosmos precisamente significa "orden". Si las cosas ocurrieran por casualidad, estaríamos en el imperio del caos, pero lo que observamos en la dinámica del Universo es orden y sistema. Los propios teóricos del caos han descubierto que subsiste un orden subyacente.

El comportamiento destructivo de la humanidad a veces da la impresión de producirse sin algún sentido, pero debemos encontrar el hilo de Ariadna, la mítica enamorada de Teseo, para que nos conduzca a saber lo que sucede.

Todo lo que nos ocurre tiene un sentido. Es efecto de una causa, en el marco de un sistema, con leyes previsibles. Tenemos que aceptar que todo lo que se manifiesta en el mundo material, nos guste o no, obedece a causas determinadas.

No aceptar la realidad es una necedad. La mayor parte del sufrimiento humano ocurre por la resistencia que ejercemos en contra de hechos tangibles. Cada cosa tiene un sentido. Es la expresión del lenguaje articulado por la dinámica del cosmos. Lo que necesitamos es descifrar qué significa, qué nos está diciendo, para qué se manifiesta.

Debemos aceptar la realidad tal cual es. Oponernos a que exista aquello que tiene causa para existir es tiempo perdido. Si algo no nos gusta, lo que debemos hacer es sembrar la semilla para que se presente un suceso distinto. Pero lamentarnos por lo que sucede es algo sin sentido. Sufrir por ello es malgastar la energía.

En nuestra vida personal, debemos admitir que todo lo que enfrentamos se debe a que lo hemos generado. El maestro Jesús dijo: "lo que siembres cosecharás". Así pues, cuando hemos sembrado vientos, cosecharemos tempestades. Igualmente, no cosecharemos algo que no hayamos sembrado.

Que esto sea así nos da la certeza de que no puede pasar nada para lo cual no hayamos dado lugar. ¡Qué tranquilidad, pues sólo podrá ocurrirnos aquello que hemos sembrado! Es la garantía de que no "vamos a recibir castigo" por aquello que no hayamos hecho, o al revés, que cualquier represión, sólo sobrevendrá por nuestras equivocaciones, aunque ya no las recordemos.

Siendo así, nada de lo que nos acontece debiera sorprendernos, pues sólo cosecharemos los frutos de nuestra siembra. Quizá nos asuste, pero debemos aceptar que somos responsables de lo que nos sucede. Nadie más.

Los planetas no son causantes de nuestros bienes y nuestros males; lo único que hacen es proporcionarnos información acerca de lo que está ocurriendo, en función de que el tiempo sea propicio para que se manifieste, pues existe una causa que lo propicie. Serge Raynaud de la Ferriere afirma que Dios colocó en la bóveda celeste un libro abierto para que leamos en él. La astrología es el arte de leer en el firmamento lo que sucede en la Tierra.

Todo lo que queramos cosechar lo podremos obtener por medio de sembrar y cultivar la semilla correspondiente. Todo labriego competente prepara el campo de cultivo y deposita la semilla cuando las condiciones son propicias. No la tira sobre un terreno pedregoso, ni la abandona. Está al tanto del clima, le proporciona agua y fertilizantes.

Cada suceso en nuestra vida es consecuencia de nuestra siembra y ésta va a producir una cosecha cuando corresponda, en función de la calidad del tiempo señalado en la dinámica celeste. Su presencia es una oportunidad de aprendizaje y, en consecuencia, de la expansión de la conciencia, es decir, de incorporar contenidos que hasta ahora nos eran ajenos.

Nuestra conciencia es la portadora de la información sobre el estado de desarrollo del ser que somos, el cual se manifiesta en función de las tareas evolutivas que nos corresponde cumplir en el presente. Las tareas que debemos asumir en una encarnación constituyen lo que llamamos *destino*. Éste tiene dos vertientes: las responsabilidades derivadas de lo que en el pasado quedó incompleto (que algunos llaman *karma*) y las que tienen que ver con las nuevas lecciones a aprender.

La carta astrológica trazada en función del día, hora y lugar de nacimiento nos informa acerca de nuestro destino individual. Ahí hallamos cuáles son nuestras tareas pendientes, ya sea que provengan de nuestro pasado y las hayamos dejado inconclusas o que se refieran a aquello que tenemos que iniciar ahora como nuevos contenidos.

Toda situación que hemos dejado incompleta, vuelve a hacerse presente hasta que logremos integrarla a nuestro ser. El momento en que recibiremos una nueva llamada a asimilar lo que ha quedado pendiente se relaciona con la presencia de los principios primordiales correspondientes. Astrológicamente, ese momento está indicado por los llamados *tránsitos* y *progresiones planetarias*.

Llegado el tiempo oportuno, surgen en nuestro interior ciertas inquietudes, necesidades o estados emocionales, o bien, aparecen ciertos acontecimientos externos que exigen nuestra atención.

Es como estar en la escuela. Cuando un determinado tema se presenta en el programa y el profesor dispone que lo iniciemos, se ponen en juego ciertos conocimientos previos. Así es desde el jardín de niños hasta la universidad. Aprender la letra o requiere de ejercitar ciertas habilidades motoras que, si no se han adquirido, dificultan o impiden la adquisición de los nuevos aprendizajes. En ese caso, deberemos repasar la asignatura en cursos de regularización de nuestras deficiencias, es decir, de un esfuerzo adicional.

Si no se consigue subsanar la deficiencia previa, el nuevo aprendizaje será de baja calidad y acaso no avancemos de grado y, si seguimos adelante, iremos acumulando carencias cada vez más limitantes.

Esto es más drástico conforme uno va avanzando. Por ejemplo, para aprender cálculo infinitesimal se requiere de un sinnúmero de conocimientos previos; si en el momento de estudiarlo saltan deficiencias en aritmética elemental, con dificultad podremos comprenderlo.

De cualquier manera, avanzar implica un esfuerzo y, en ocasiones, no estamos dispuestos a pagar el precio. Cuando sentimos que los nuevos contenidos amenazan nuestra comodidad, nos resistimos a incorporarlos. Es más fácil quedarse donde uno está. Sin embargo, una fuerza cósmica, que algunos llaman *atman*, por la buena o por la mala, nos empuja de manera continua para crecer y desarrollarnos.

Cuando una persona padece un desequilibrio en su conciencia, ello se debe a que se le están presentando deficiencias de aprendizaje o porque están emergiendo nuevos contenidos por atender. Tal desequilibrio puede expresarse como una pelea, la pérdida de algún objeto de afecto, un accidente, el síntoma de enfermedad, conocer a una persona, enamorarse, entre otros.

Los desequilibrios en la conciencia se reflejan en todo aquello que le sucede a la persona, pero, sobre todo, se pueden apreciar a nivel corporal. El cuerpo es el receptáculo directo y preciso de lo que está ocurriendo en nuestro interior; es la pantalla en la que se refleja cualquier desajuste.

La armonía o discordancia que existe en la conciencia se refleja en nuestro cuerpo. No obstante, los síntomas del desequilibrio van más allá de lo corporal y pueden observarse en el medio familiar y social mediante los acontecimientos de la vida diaria. De esta forma, todo quebranto de la armonía que se produce en la conciencia se hace visible mediante la pérdida del equilibrio interno y externo del sujeto.

Este hecho es reconocido por todo terapeuta corporal quien, al observar el cuerpo, puede encontrar las evidencias de las estructuras y vivencias mentales y emocionales que están alojadas en el sujeto, como también es señalado por aquellos que, como Dethlefsen y Dahlke, proclaman la enfermedad como camino.

El ser humano es como un imán que atrae sólo lo que le corresponde atraer, de acuerdo con sus características individuales, dadas por la etapa de desarrollo en que se ubica. Lo que no es consecuente con nuestra capacidad de atraer o repeler no responde a nuestra presencia y nuestra presencia tampoco le responde. No se da entre ellos ninguna resonancia.

La conciencia vive un proceso evolutivo que va desde el Pleroma hasta el Reino Final, como veremos más adelante. A lo largo de este proceso, disfrutamos de momentos de equilibrio, pero éste se desbarata cuando en la conciencia surge un nuevo contenido a incorporar.

La posibilidad de volver a experimentar una nueva condición de armonía está dada por el manejo que hagamos del desequilibrio, llámese enfermedad, dificultades, encuentros o desencuentros. Cada nuevo desbalance tiene la finalidad de motivar un avance de la capacidad de darse cuenta. Nuestros problemas son mensajes que quieren decirnos algo en relación con los atoramientos de nuestro desarrollo. Algunas veces son muy claros y directos, pero como se presentan por medio del lenguaje de los símbolos, con frecuencia debemos hacer un esfuerzo especial para descifrarlos.

En el caso de las enfermedades, los órganos del cuerpo involucrados en el malestar pueden darnos la respuesta. Por ejemplo, una enfermedad estomacal podría indicarnos que estamos evitando actuar con determinación y asertividad. Cuando nos sentimos enfadados, pero contenemos la agresividad, producimos una mayor cantidad de ácido clorhídrico, uno de los jugos gástricos que tiene la finalidad de disolver los alimentos para dejarlos digeribles. Así, la agresividad no permitida fuera, la descargamos dentro, por medio de una mayor acidez estomacal. Cada situación que se resuelve, abandona su condición de problema. Si la situación es redimida a fondo, no tiene por qué volver a presentarse. Bien señala Sasportas que, cuando una situación problemática se repite, es porque no la hemos resuelto. Cuando el aprendizaje es sólido, lo incorporamos de manera permanente en nuestro bagaje.

La astrología nos brinda la posibilidad de conocer por anticipado el conjunto de aprendizajes que nos corresponde emprender en la presente encarnación.

Una carta astrológica es la forma simbólica de representar la constelación de situaciones que habremos de confrontar durante nuestra existencia. Así, un horóscopo es comparable a un plan de estudios, pues revela lo que tenemos que aprender.

Ese conjunto de asuntos por atender constituye el requerimiento que nos formula el atman. Es nuestra tarea o misión de vida y debemos iniciarla por la vía del aprendizaje, el cual sólo puede efectuarse al aplicar cierto esfuerzo. Podemos percibir tales situaciones como problemas o como oportunidades. Sólo seguirán siendo problemas en tanto que nos resistamos a enfrentarlas. Pero, de una manera o de otra, son los impulsores de nuestra evolución.

La fuerza del destino cuida que nunca dejemos de aprender y, por ello, nos confronta de modo continuo con situaciones o problemas nuevos. En el horóscopo está prefigurado el programa completo de aprendizaje para una encarnación, por eso es posible ver ahí el destino de cada persona.

No debemos discutir si el destino es ineludible y si puede ser o no modificado, pues queda claro que éste es construido por cada uno de nosotros. Podrá o no gustarnos lo que hasta ahora hemos producido con nuestros actos previos y, a veces, desearíamos evadir sus consecuencias, pero, tarde que temprano, el destino nos habrá de alcanzar.

Aun los psicólogos ortodoxos reconocen que los niños no son esponjas pasivas que absorben influencias, sino que ellos mismos participan de manera activa en la formación de su propio ambiente y, después, responden a ese ambiente que contribuyeron a crear.

El programa de nuestro aprendizaje está determinado y las lecciones se presentarán puntualmente. Nuestro privilegio es la forma de aproximarse, aunque sólo lo podemos hacer dentro del marco de nuestras previas habilidades. Debemos darles la bienvenida puesto que son nuestro camino al desarrollo.

Si actuamos con diligencia, procuraremos estar preparados para cuando lleguen los exámenes y, al presentarlos con éxito, nos sentiremos satisfechos al ver nuestro adelanto. Así, se podría decir que estamos evolucionando consciente, voluntaria y satisfactoriamente.

Si retrasamos el aprendizaje, de cualquier forma, algún día consumaremos el atman. Claro es que el viaje será más largo y accidentado. En tanto que no haya voluntad de aprender nuestro camino será lastimoso y asediante.

La primera opción es liberadora, pues el sujeto deja de estar atado a los condicionamientos del pasado y se forja un destino cada vez más lúcido y prometedor. La segunda, encadena al sujeto a experiencias forzadas y dolorosas; entonces, actúa como marioneta en manos de un destino incierto.

La liberación proviene del cumplimiento de la ley. El mejor uso de nuestra voluntad consiste en decidir sujetarse a ella. Sólo es libre y gozoso, como plantea Thorwald, quien se somete a la ley. El sufrimiento es producto del roce que se genera entre el hombre y el esquema trazado por Dios.

Quien repara sus partes incompletas no tiene por qué temer el asalto de un destino inexorable. Sólo quien no atiende las llamadas al aprendizaje integrador, se convierte a sí mismo en víctima de situaciones forzadas y llenas de sufrimiento.

Los golpes del destino, mediante cualquiera de sus agentes de operación, son el resultado de la resistencia al desarrollo. Quien no se abre a aprender, sufre.

Si queremos ubicar a profundidad las relaciones de pareja debemos tomar en cuenta este contexto. Formamos parte de un proyecto cósmico en el cual las relaciones de pareja son de gran trascendencia. Tienen un sentido fundamental y relevante. Sin ellas, no es posible la consumación del atman.

Es gracias a la íntima vinculación de dos seres, que fueron nuestros padres, que tuvimos la posibilidad de regresar para continuar nuestro camino. El proyecto cósmico cesaría sin la procreación. Por medio de ella se asegura la continuidad de la especie que va en la punta del desarrollo.

Pero no se trata sólo de hacer posible la existencia, sino de generar las condiciones apropiadas para impulsar el desarrollo. Las relaciones de pareja dan continuidad a la especie y hacen posible que el ser que somos pueda seguir reencarnando y, en consecuencia, avanzando. A su vez, producen una dinámica en la que los individuos involucrados confrontan y redimen su destino.

Cuando venimos al mundo, por la ley de la atracción, nacemos en el seno de un hogar que ofrece las condiciones que corresponden a nuestra necesidad de aprendizaje, de acuerdo con la etapa de desarrollo en la que nos encontramos.

El hogar al cual llegamos, sea cálido o indiferente, armonioso o conflictivo, es el lugar propicio para vivir las experiencias indispensables para nuestro proceso evolutivo. Padres e hijos nos hemos atraído mutuamente para ayudarnos a avanzar. Nuestros padres son nuestros maestros, pero nosotros también cubrimos este papel hacia ellos. Ambos nos propiciamos lecciones que se corresponden.

Igual situación se presenta entre los integrantes de la pareja. Somos atraídos por alguien porque necesitamos de su presencia para aprender. Nuestra pareja también es nuestro maestro. Así sea por la mala y con dolor, si es que nuestra condición de desarrollo lo requiere, pues mientras no aprendamos a instruirnos por la buena, los conflictos son nuestra mejor alternativa.

Tal vez desencante saber que el objetivo principal de nuestras relaciones de pareja no es ser felices. No es que no podamos serlo, pero ésta no es su finalidad. La felicidad es consecuencia de hacer las cosas en la forma correcta.

El propósito central de las relaciones de pareja es propiciarnos una serie de experiencias indispensables para trascender nuestro destino. Destino que, como hemos dicho, está conformado por nuestros avances y atoramientos del pasado y por las lecciones que debemos aprender ahora.

Martín Buber ha puesto en claro que el encuentro del ser humano consigo mismo sólo es posible como consecuencia del encuentro con sus compañeros y que, únicamente cuando es capaz de reconocer al otro a profundidad, puede reconocerse a sí mismo y vincularse cercanamente. Entonces, rompe su soledad y adquiere la oportunidad de transformarse.

Las relaciones de pareja son un medio para desplegar nuestras facultades latentes y alcanzar con ello nuestro cabal desarrollo. Abordarlas de manera adecuada, es decir, atendiendo los requerimientos de nuestro destino, propicia el surgimiento de esa sensación de plenitud que llamamos felicidad.

En consecuencia, es fundamental saber el motivo por el que estamos con alguien como pareja, pues si conseguimos comprenderlo y nos abrimos a las vivencias y aprendizajes que nos correspondan, se despejan las posibilidades para vivir con plenitud y en consecuencia, para compartirnos provechosa y armónicamente.

En cierto sentido, las personas somos como los aparatos de radio: aunque en el ambiente navegan muchas señales, sólo se captan aquellas que están dentro del área de recepción y codificadas en un tipo de onda compatible.

De igual forma, las personas sólo percibimos la parte de realidad para la que poseemos capacidad de recepción. Sólo captamos aquello que concuerda con nuestros contenidos internos. El universo que personalmente percibimos es igual al tamaño de nuestra capacidad de resonancia. Únicamente ampliando nuestra propia conciencia podemos aprehender un universo de mayor magnitud. Ésta es la ley de correspondencia y, como resultado de ella, nos encontrarnos con aquellas personas para las que tenemos una resonancia apropiada. Esto puede ocurrir por la vía de la identidad, del contraste, del conflicto o de la complementación. Los demás

35

individuos no entran en nuestra esfera de atracción, por lo menos mientras no exista algo dentro de nosotros con lo que sean resonantes.

La vida nos pone en contacto con quienes somos correspondientes, pues sólo llama nuestra atención aquello que nos concierne asumir. Amamos, odiamos, combatimos o estrechamos sólo a quienes guardan resonancia con nuestro plan de aprendizaje o destino. Si una persona no hace eco con nuestro interior, la dejaremos ir con indiferencia.

El mundo circundante es un espejo en el cual toda persona se refleja a sí misma y nunca ve más de lo que está dentro de sí. La llamada *realidad objetiva*, que podría suponerse que está al alcance de cualquier observador, siempre pasa por el filtro de la afinidad individual y, por lo tanto, la realidad que percibimos está limitada a nuestra personal experiencia y tamiz.

Como Jung lo plantea, al no poder ver más que nuestra propia imagen proyectada en el mundo, lo que vemos afuera es lo que somos. El mundo es la imagen de nuestro propio rostro.

Si no nos gusta lo que vemos afuera, sólo estamos diciendo que eso mismo está sin resolver en nuestro interior. Si sentimos admiración e incluso veneración por algunas figuras externas, es a determinadas partes de nosotros a las que está dirigido este sentimiento. Mientras este hecho no lo hacemos consciente, podemos negarlo una y otra vez, pero siempre está ahí. Reconocerlo es de la mayor relevancia para mejorar nuestras relaciones de pareja. Nos relacionamos con aquellos a quienes necesitamos y proyectamos en ellos nuestra realidad interior, lo cual implica que el camino directo para hacer cambiar a nuestra pareja es introducir esas modificaciones en nosotros mismos.

Resulta inútil pelear con lo que está fuera. Es ocioso sentirnos amenazados por lo que vemos fuera. Lo que debemos hacer es encarar dentro aquello que nos incomoda. Si peleamos contra lo de afuera, no hay un ganador, pues, aunque lo destruyamos, mientras no lo hayamos redimido en nuestro interior, volverá a presentarse. De igual modo, si algo externo nos parece maravilloso, es porque hace resonancia con lo que tenemos dentro.

Si observamos en nuestra pareja algo que nos molesta, se trata de un mecanismo que nos invita a reconocer o recordar aquello con lo cual no estamos conciliados. Si me molesta su soberbia, con toda seguridad es por mi propia soberbia.

Nuestra conciencia ve todo en pares de contrarios; por ejemplo si rechazo la soberbia por considerarla incorrecta o poco edificante, todo lo que hago es remitirla al ámbito del inconsciente llamado *sombra* y sólo asumo los contenidos que tienen que ver con la humildad. Ya no me identifico con la soberbia, pero la sigo guardando en un saco que va conmigo, de tal manera que, cuando la veo afuera de nueva cuenta, la quiero apartar de mi vista y por eso la critico y abomino. ¿Por qué si me asiste la humildad tuviera que confrontarme la altanería de otro? Esto funciona igual para cualquier par de opuestos.

Tomemos la puntualidad: si una persona ya hubiese incorporado a su identidad el sentido de la puntualidad, lo único que pudiera importarle sería estar a tiempo en sus citas. Pero si se enfada con aquellos que llegan tarde, entonces, muy probablemente, sólo está mostrando que el "zapato" de la puntualidad le ha entrado con calzador y le produce dolencia. El puntual compulsivo se siente afrentado por aquellos que se conceden la licencia de ser impuntuales. Esto sólo demuestra que no está reconciliado con el asunto en cuestión.

Si interiormente nos ponemos en paz con la soberbia y la impuntualidad, podríamos retroalimentar con calma a la otra persona sobre éstas conductas, pero éstas no nos afectarían y podríamos pasarlas inadvertidas. Por último, cuando nos hemos reconciliado con estos principios, ya no necesitamos relacionarnos con personas que los traigan consigo.

Aquellos que luchan denodadamente por la justicia, por la paz, por la solidaridad y aun quienes pretendemos impulsar el desarrollo de otros, lo hacemos porque no hemos incorporado a cabalidad esos valores. Si ya lo hubiésemos hecho, bastaría con nuestro ejemplo. Si fuéramos portadores de esas cualidades, las veríamos reflejadas en el mundo, pero como no estamos en esa situación, gritamos y peleamos fuera, en un intento poco afortunado de acallar lo que llevamos dentro. Por la ley de polaridad, todo principio consta de un par de opuestos. Cada polo de todo par de opuestos tiene una función, sin la cual el otro lado no está completo, ya que se necesitan mutuamente. En cierto sentido, son opuestos, pero en otro, son complementarios. El uno sin el otro no puede desplegar sus potencialidades. Separados o por sí mismos, no pueden generar el producto para el que de manera natural están predispuestos. Los pares de opuestos se necesitan para cumplir su cometido; ambos deben actuar para que sea posible integrar una unidad.

De hecho, cuando los opuestos se integran, lo que está ocurriendo es que retornan a su estado original de integración. Si cada uno opera por su lado y, más aún, en forma divergente, trastornan su naturaleza.

El frío necesita del calor, la vida requiere de la muerte, el día de la noche, la luz de la oscuridad, el hombre de la mujer. Para ser completos y plenos debe estar presente la coexistencia de ambos polos. La presencia y colaboración equilibrada y armoniosa de ellos es indispensable si pretendemos hablar de una efectiva realización.

Esto ocurre en la pareja humana. Por la vía de la fusión de los opuestos, hombre y mujer íntimamente compenetrados constituyen una unidad. Sin embargo, éste no puede ser un estado permanente, puesto que ya no se presentarían los desequilibrios que producen el crecimiento. El equilibrio aparece fugazmente y trae consigo experiencias extraordinarias. En esos instantes, no somos dos, sino uno.

Cuando la unidad se completa, desaparece la dualidad. Ya no hay pelea de los opuestos. Prevalece la armonía. Así, cuando la pareja logra la concordancia entre algunos de sus opuestos, sobreviene una sensación de integración y gozo. Cuando aquietan todos sus opuestos y se fusionan, el resultado es el éxtasis. La sexualidad es una vía provisional para manifestarlo.

El orgasmo simultáneo, si bien no es requisito para una sana y gratificante vida sexual, abre la puerta para experimentar la integración ya no sólo de la pareja, sino la fusión con el Universo entero, porque, en ese momento, la conciencia se centra en un punto único, logrando vivenciar la *unidad*, en la que no hay espacio ni tiempo. No obstante, éste no es el final del camino. Es sólo una experiencia transitoria que nos recuerda nuestra naturaleza cósmica.

El desarrollo humano y la astrología

El concepto de desarrollo humano se ha puesto de moda. No es que se haya descubierto recientemente, sino que ahora se ha destacado como algo que todos debiésemos atender.

Se refiere a la secuencia natural de crecimiento que vive todo individuo a lo largo de su existencia, tanto en el terreno físico como intelectual, psíquico, social y espiritual. Sería mejor decir, en todas las esferas que abarca su ser. Es la continua transformación que nos permite llevar al máximo nuestro potencial.

Como diría la mexicana Ana María González, el desarrollo humano es un proceso ascendente y constante de aprendizaje y cambio que se orienta de modo secuencial hacia la autorrealización y a la trascendencia.

No basta una vida para desplegar todo lo que el hombre puede llegar a ser. En consecuencia, el desarrollo humano transcurre a lo largo de una amplia sucesión de vidas. Al nacer, traemos un bagaje producto de nuestro pasado, que nos sirve como punto de partida y que, por lo tanto, representa una secuela que habremos de continuar. La psicología transpersonal y, en particular Ken Wilber, nos proporcionan una visión del desarrollo humano considerándolo como el arribo paulatino a estados de conciencia cada vez más amplios. En este enfoque se basan los planteamientos que exponemos a continuación, adicionando nuestros propios puntos de vista. El desarrollo no es un proceso desordenado, sino que sucede de un modo articulado y secuencial, gracias al cual vamos incorporando capacidades cada vez más complejas, que nos permiten participar en esferas de conciencia más elevadas.

Cada etapa se fundamenta en los aprendizajes previamente adquiridos y procura la incorporación de nuevos contenidos para ascender a escaños superiores. Esta cadena sigue un orden definido y consecuente, de tal manera que al estar en un determinado nivel podemos asumir cuáles han sido las adquisiciones precedentes y cuáles habrán de ser las que le sigan.

Como mencionamos, al nacer portamos un acervo de aprendizajes. Algunos de ellos perfectamente logrados, de manera que forman parte de una especie de capacidad instalada que será utilizada como sólido basamento para nuevas adquisiciones. En cambio, otros aprendizajes están incompletos, ya sea porque no nos hemos aplicado lo suficiente o debido a que, de plano, nos hemos rehusado a enfrentarlos.

Crecer duele. Igual que el adolescente siente dolencias físicas cuando se están ensanchando sus huesos y músculos, arribar a nuevos estadios de desarrollo nos causa aflicción. El entusiasmo que genera la posibilidad de obtener algo mejor, se ve empañado por el riesgo de entrar a un terreno desconocido, al grado de que a veces preferimos quedarnos como estamos.

Cada vez que avanzamos ganamos algo, pero también perdemos algo. Cuando conseguimos una mejor ubicación laboral, ganamos en posición y en ingresos, pero perdemos en tranquilidad. Al comprometernos como pareja, ganamos en compañía permanente y perdemos en libertad para tener otras relaciones. Sin embargo, cada vez que incorporamos un progreso, nos sentimos realizados y quedamos en condiciones de asumir retos mayores.

El desarrollo moviliza dos fuerzas inherentes a nuestra naturaleza que se mueven dentro de nosotros: una nos impulsa a avanzar, denominada *Tánatos*, y otra nos detiene e, incluso, quisiera hacernos retroceder, llamada *Eros*.

Tánatos es la muerte simbólica a una condición dada. El desarrollo requiere, precisamente, de que estemos dispuestos a morir para renacer más adelante. Cuando nos casamos, morimos a la soltería y nacemos a la nueva condición del matrimonio.

Eros es el apego. Nos aferramos a permanecer en una determinada condición, aunque sea incómoda y, más aún, si es agradable y confortante. Ocurre que un infante siente que ya es grande y le molesta que se le trate como niño, pero, ante algunas circunstancias, como cumplir con las responsabilidades de alguien mayor, prefiere refugiarse en el regazo materno.

43

Muchas personas están atrapadas entre lo desagradable de las desavenencias y conflictos con su pareja y el temor a quedarse solas. Algunos no se atreven a dar el paso y prefieren continuar con la incomodidad de manera indefinida. Otros, en cambio, rompen el vínculo y se disponen a correr los riesgos resultantes.

No son dos circunstancias bien delimitadas; con frecuencia, uno se ubica entre ambas fuerzas. Nos atrae dar el paso, pero queremos seguir disfrutando de la condición anterior. Tánatos nos mueve hacia delante. Eros, hacia atrás.

Eros y Tánatos luchan entre sí. Primero estamos ubicados en una condición cómoda, disfrutando de lo que hemos logrado. Luego, alguien nos refiere una situación que es mejor o, simplemente, sentimos monotonía por permanecer en el mismo sitio, con lo que sobreviene un desajuste y empieza el reflujo. Ya no nos acomoda lo anterior y pretendemos algo mejor, pero nos asusta cambiar. Primero exploramos cómo podríamos obtener dichas aspiraciones y hacemos intentos por incorporar las modificaciones. Finalmente, nos atrevemos a dar el paso.

En realidad, las cosas no siempre son así de sencillas. En ocasiones, los acontecimientos nos atropellan y nos conducen a cambiar de modo involuntario. Esto no sucedería así, si oportunamente nos hubiéramos percatado de la necesidad o conveniencia de hacer las modificaciones. Nos dormimos en nuestros laureles y, de pronto, nos encontramos con sorpresas,

44

preguntándonos "¿quién se robó mi queso?", como en la ilustrativa historia que nos relata Johnson Spencer.

Tarde o temprano, la batalla es ganada por Tánatos, es decir por el desarrollo. Puede durar unos pocos días, varios años y acaso, vidas enteras, de acuerdo con el nivel de dificultad encontrada y la resistencia que le oponemos. A la larga, no hay posibilidad de fracaso.

Mientras el sujeto se debate en la batalla entre Eros y Tánatos, como no tiene la posibilidad real de regresar a la etapa anterior, recurre a prácticas de sustitución, manifestando determinadas conductas simbólicas, como chuparse el dedo en la niñez, y éstas cambian de acuerdo con el nivel en que uno se halla en su desarrollo. En cada etapa podemos distinguir ciertos comportamientos generados por la resistencia a avanzar.

Cada nueva etapa tiene como base los logros del estadio anterior y, sobre ésta, se construye una nueva estructura, más compleja y mejor integrada. Mientras esto ocurre, hay un entreacto de confusión, desencanto, ensayo y actividad.

Cada etapa que se consuma, es una aproximación al resultado final, que es la reintegración a la totalidad. Cuando disfrutamos la satisfacción de haber ascendido un peldaño, nos inunda una sensación de realización y deleite, como anticipo del gozo final. Es un sustituto provisional del atman.

El camino para consumar el desarrollo humano consta de tres enormes tramos: el inicial de la subconsciencia, el intermedio de la autoconsciencia y el final que desemboca en la supraconsciencia.

El tramo de la subconsciencia, arranca cuando el ser en proceso aún se percibe fusionado con la entidad que le da origen y prosigue a lo largo de la lucha por diferenciarse de ésta y alcanzar una existencia propia.

En la segunda fase, el ser en proceso se asume como una entidad separada y, en consecuencia, se caracteriza por la autoafirmación de un ego que se percibe inicialmente como inmortal, todo poderoso y el centro mismo del Universo.

En la tercera parte del camino, el ser en proceso recuerda su origen y avanza de regreso hacia la recuperación definitiva de su fusión con el todo. El segundo estadio se centra en la definición y vivencia del yo, por lo cual se conoce como la del surgimiento de la persona. En consecuencia, al proceso previo se le llama *de la prepersona* y a la fase final se le identifica como la de la transpersona.

En suma, podría decirse que el desarrollo humano transcurre mediante tres grandes fases: la prepersonal, la personal y la transpersonal, las cuales se suceden en ese orden.

Como veremos a continuación, cada fase del desarrollo implica una amplia cadena de transformaciones y etapas.

La primera fase o etapa **prepersonal**. Su punto de partida es el momento en que surgimos a la existencia, pero aún no sabemos que existimos. Transcurre a lo largo de varias etapas en las cuales vamos tomando conciencia de que somos un ente separado de nuestra madre. Culmina cuando logramos identificarnos a nosotros mismos, aunque de manera incipiente, como un yo que posee determinadas capacidades.

Las etapas de la fase prepersonal han sido denominadas por Ken Wilber como *pleroma*, *uróboros*, *tifón*, *cognitiva* y *egóica temprana*.

La etapa **pleroma** inicia en el momento en que uno es concebido por sus padres y continúa hasta después del nacimiento.

En el vientre materno tiene lugar el maravilloso proceso de nuestra formación, por el cual transitamos de manera inconsciente y completamente dependiente. Estamos comenzando a tener una vida propia, constituida por un caudal de sensaciones. Accionamos y reaccionamos de manera instintiva, pero no sabemos que estamos ahí.

En esta etapa, nuestra percepción acerca de lo que está sucediendo es unitaria; es decir, como si fuésemos un solo ser, incluyendo a nuestra madre y, en cierta forma, a todo lo que la rodea, pues permanecemos fusionados con todo, sin conciencia alguna de diferenciación.

No existe todavía una relación entre un ente y otro, entre un yo y algo más. No hay una percepción de dualidad, sino que el objeto y el sujeto son uno y lo mismo.

Cuando nacemos, surgimos a la vida independiente, pero tardaremos un tiempo considerable para hacer valer este hecho. Biológicamente, ya somos una entidad separada, pero lo ignoramos, pues aún no hay una separación psicológica entre adentro y afuera, ni hay diferencia entre cuerpo y entorno.

Durante los primeros meses de vida, prevalece esta conciencia unitaria, en la cual no se experimenta la dualidad. El bebé se encuentra inmerso en una totalidad, de la cual tampoco es consciente. No distingue nada. Percibe algo difuso. No se percibe a sí mismo como algo distinto de su entorno. No existen objetos fuera de él. Vive en una condición de ignorancia paradisiaca, que algunos llaman *experiencia oceánica*.

Sus necesidades son esencialmente biológicas: comer, dormir, excretar, respirar, ser estimulado físicamente. Carece de deseos. Su experiencia es pretemporal ya que no percibe los acontecimientos como una secuencia de objetos o de eventos y, por tanto, el tiempo no existe. Tampoco existe espacio, pues no hay separación entre aquí y allá.

Ésta es la figura precursora del desarrollo humano; el yo está replegado sobre sí mismo y se halla fundido con el entorno formando algo global.

A medida que crece, se percata de la diferencia entre los estados de carencia y de saciedad de sus necesidades y, con ello, de la presencia de algo externo que le mitiga o desatiende. Por la fuerza de la repetición de este hecho, descubre, por fin, la dualidad: existe algo más que no es él mismo. Así, comienza a ejercer la capacidad de darse cuenta, aunque por ahora lo haga de manera incipiente; asciende a la etapa urobórica.

El **uróboros** surge cuando se manifiesta la primera diferenciación sujeto-objeto. Al principio, se trata de meros atisbos de la dualidad, pues el sujeto permanece absorto y, por lo tanto, continúa ignorante de su existencia individual. Todavía no tiene una percepción clara de separación entre afuera y adentro de sí.

Al fragmentarse la unidad, emerge el llamado *yo urobórico*, es decir, la sensación incipiente de estar separado. Consiste en un rudimentario germen del yo, con cierta existencia autónoma, que se percibe a sí mismo como algo distinto del medio circundante, pero aún no acaba de percatarse de que hay algo que no es él mismo. Esta experiencia proviene de su contacto oral con el exterior, en especial al momento de ser alimentado. El pecho materno ofrece la ocasión para percibir que "hay algo que no soy yo". En esta etapa, el pecho materno representa todo lo que hay afuera. Si el seno alimentario se presenta de modo oportuno para mitigar el hambre, se genera una sensación de omnipotencia mágica, en la que pareciera que lo único que hay que hacer es desear aquello.

Por el momento, subsiste el predominio de la naturaleza inconsciente y visceral y ésta se manifiesta por medio de descargas instintivas y emocionales rudimentarias. Es un estado en el que apenas uno se percata de que existe y, por lo mismo, apenas goza y apenas sufre. Lo primordial es advertir la propia existencia al estar ahí, obteniendo respuesta y satisfacción a las necesidades emergentes.

La forma de experimentar lo que va ocurriendo sigue sin estar ligada a una percepción del tiempo y el espacio. Todo sucede de manera refleja en el *aquí* y *ahora*, pues no existe un *allá* y *entonces*. El mundo externo al sujeto está representado por la madre. Ésta lo nutre y protege, sin que él intervenga para nada. Es una entidad difusa y bienhechora. Sin embargo, así como provee, puede dejar de proveer. Así como llega a ser suave y acariciante, a veces se percibe tosca y amenazante. Éste es el origen de los miedos infantiles.

Cuando ocurre el contacto armonioso entre el bebé y el seno alimentario, cesa toda carencia u hostilidad, todo parece estar bien. Ésta es la forma más elemental del incesto; si en realidad pudiera ocurrir de nuevo la fusión, traería como consecuencia la aniquilación del sujeto recientemente emergido.

La alternativa de volver atrás significa no ser nada. Sería absorbido o disuelto, al fusionarse de nuevo. Con ello, quedaría impedido de tener vida propia. Ante la imposibilidad real de regresar a la etapa anterior, el sujeto fantasea este suceso con una conducta de sustitución como chuparse el dedo.

Pese a que crezcan biológicamente y se conviertan en adultos, los individuos podrían quedar anclados a esta etapa y, entonces, sus relaciones de pareja resultarían inconstantes ya que ellos permanecerían centrados en sí mismos y desatenderían a sus compañeros.

Llegará el momento en que la batalla concluya, pues, en definitiva, el sujeto accede a la dualidad y se observa a sí mismo separado de su entorno. Dar este paso implica que el sujeto muere a la condición anterior en la que permanecía indiferenciado. Con esta experiencia se inicia el largo camino del desarrollo humano, que habrá de consistir en reiteradas experiencias de muerte-renacimiento.

Al acceder a la dualidad, el sujeto empieza a crearse una identidad, una imagen de sí mismo la cual irá modificándose conforme avance a lo largo de las diversas etapas.

Cuando el sujeto ha empezado a formarse una identidad, penetra en la etapa de **tifón**: distingue con claridad la separación entre él y su entorno y se ve a sí mismo como una unidad corporal. Observa el Universo dividido en dos continentes: yo y no-yo; son dos bloques en los que, en principio, no se distinguen sus componentes.

A lo largo de esta etapa, percibe que él es su cuerpo. Está completamente vertido hacia sí mismo, invadido por un sentimiento difuso de magia y omnipotencia. Lo que está fuera de él constituye una unidad aparte. Este mundo exterior, está representado por una sola figura que es la de su madre.

Su mundo se conforma por él mismo y su madre. En consecuencia, la relación con ésta es de toda importancia. En la etapa anterior, el universo estaba integrado por él y el seno alimentario. Ahora, el alcance se ha ampliado hasta abarcar a toda su madre. Es evidente que las experiencias derivadas de esta interacción constituyen el modelo para su próxima interacción con la gente. Las experiencias que viva más adelante transformarán esta vivencia, pero el molde inicial será éste. Con el surgimiento del yo, es decir de la sensación de "yo existo", "yo soy esto", también aparece la posibilidad de dejar de existir. Antes, esto no era posible; hoy, es una realidad tangible y, en ocasiones, se torna amenazante. La presencia de la muerte, rondará en sus momentos conflictivos, como son la ausencia prolongada de la madre o la falta de alimentos. La necesita inevitablemente a ella o a alguien que la releve, aunque este hecho podría significar una pérdida.

El yo está fundido en el cuerpo. Es todo el territorio disponible. Por ahora, nada ocurre sino ahí. Las sensaciones son los eventos que ocupan todo el escenario, sean dolorosas o placenteras. La exploración corporal es toda la aventura que puede emprenderse y producir placer, constituyendo una primera expresión de sexualidad, experimentada de manera global. Ahora, el sujeto y su entorno son dos unidades globales. Transcurridos los días, podrán notarse diferenciaciones incipientes en uno y en otro, cada unidad se irá dividiendo en segmentos: él, en las partes de su cuerpo; fuera, notará la presencia de varios objetos además de su madre.

Durante este periodo, las experiencias del sujeto ocurren en tiempo presente, no habiendo conciencia del antes y del después. No obstante, en el transcurso de esta etapa, poco a poco irá emergiendo una diferencia creciente entre lo que sucedió y lo que ahora está aconteciendo. Igual se produce con el espacio; al principio, los eventos sólo se presentan en el aquí, pero de modo paulatino se van distinguiendo otros lugares. Hasta aquí, la vida del neonato ha sido expresión exclusiva de los instintos biológicos, pero ahora están manifestándose otros factores. Como resultado de la interacción con la figura materna, va emergiendo un componente emocional, que aflora en forma breve y se libera de inmediato. Asimismo, asoma la posibilidad de representar mentalmente los objetos y, con ello, la capacidad de la imaginación. Se muestra una modalidad rudimentaria de pensamiento mediante el ejercicio de una prelógica que distingue atributos de los objetos observados y les asigna una especie de clasificación.

Con estas nuevas adquisiciones, las vivencias dejarán de producirse en un presente que cesa a cada instante y aparecerán los acontecimientos ya ocurridos y las posibilidades futuras en la pantalla de un presente expandido y continuo. Si un individuo, aunque alcance la edad adulta, queda fijado a los valores de esta etapa, sus relaciones de pareja se centrarán en la corporalidad, sin asomo de sentimientos, ni de un compromiso para formar una unidad con su contraparte.

Tarde que temprano, Tánatos volverá a vencer y el sujeto quedará listo para incorporar nuevas capacidades; se dará cuenta que él no es sólo su cuerpo. Los contenidos mentales están ahí, tocando la puerta: la imaginación, la secuenciación, la lógica y los afectos.

Por momentos, el ser en proceso no quiere avanzar, siente temor a quedar atrapado y a dejar de existir. Los riesgos y dificultades están presentes, llega a desear detenerse y fusionarse, por lo que se refugia en conductas de sustitución de la unión, como en las demás etapas.

En tanto que, por ahora, el cuerpo es el campo de experiencia, la fusión anhelada se sustituye mediante alguna de las regiones corporales. La boca es un punto esencial. Las conductas regresivas se expresan mediante succionar, tragar, tocarse, manipular para retener, entre otras.

Cuando uno descubre que no sólo es su cuerpo y se permite acceder a las capacidades mentales, se inicia la etapa **cognitiva.**

En la etapa anterior, se han tenido los primeros balbuceos del acceso a las facultades mentales. Ya empezó a manifestarse un pensamiento prelógico y se asomó la formulación conceptual. De manera paralela, se va manifestando el habla. Ambos, pensamiento y palabra, van a hacer que el sujeto dé un salto importante, pues le será posible llamar por su nombre a las cosas y personas y atribuirle significado a algunos símbolos.

Deberá experimentar una cantidad considerable de ensayos y errores para aprender a manejar las nuevas herramientas. Inicialmente, será normal que confunda las palabras con los objetos que representan. Creerá que con solo pronunciar el nombre de alguna cosa tendrá un determinado poder sobre ella. Le será difícil distinguir el todo de las partes que lo integran, así como el sujeto y el objeto de una relación.

El lenguaje se irá desarrollando en forma paulatina. En muchas ocasiones, la expresión no tendrá un sentido específico, sino que simplemente se dejará correr un torrente de sonidos y vocablos por el mero placer de producirlos. Los juegos de palabras serán un entretenimiento incansable y superficial que le irá permitiendo al pequeño familiarizarse con su significado.

El manejo del lenguaje hace posible que el individuo se adentre en el mundo de los símbolos, las ideas y los conceptos y se eleve por encima del ego corporal. Hasta este momento, ha estado sujeto a la fuerza ciega del instinto, pero, al ir dominando este aprendizaje, podrá empezar a demorar la satisfacción de las demandas biológicas.

El uso del lenguaje traerá consigo un dominio creciente y organizado del pensamiento lógico, desarrollará la capacidad de crear imágenes mentales representativas de la realidad. Están sentándose las bases para construir secuencias anticipadas de los acontecimientos y, con ello, la posibilidad de elegir entre alternativas dirigidas a un fin predeterminado.

Podría decirse que esta facultad es precisamente la que en etapas posteriores le dará a la persona su dimensión propiamente humana ya que, gracias a ella, podrá anticiparse al futuro, elaborar planes y emprender actividades con un propósito ulterior, es decir, crear la cultura y la civilización.

La asimilación de las capacidades mentales le permitirá al sujeto interiorizar las exigencias y prohibiciones parentales y, en consecuencia, formarse una especie de pre-superego, bajo cuyos lineamientos dirigirá su vida. Tendrá la posibilidad de imaginarse a sí mismo y le surgirá el deseo de ser único y omnipotente, por encima de sus hermanos, a quienes verá como sus rivales.

Como puede apreciarse, el ascenso a que nos convoca esta etapa es extraordinario; conseguirlo implica un logro enorme, pues nos hace percatarnos de que de que somos dependientes, vulnerables, aislados y mortales. Los miedos surgidos como resultado de ello se habrán de reflejar en el sueño por medio de desagradables pesadillas.

Si uno queda atado a los contenidos de esta etapa, cuando llegue a la edad adulta, las relaciones de pareja serán poco estables y comprometidas.

De nuevo, la pugna entre avanzar y retroceder hace acto de presencia. Ir adelante es aceptar la posibilidad de ser aniquilado. Es tentador regresar para no usar el pensamiento; parece que más vale no pensar, sino seguir en automático las pulsiones corporales.

La tensión consiguiente es mitigada utilizando los orificios corporales como medios de gratificación sustitutiva.

Tánatos se impone y nos atrevemos a crecer, dejando atrás la imagen de que sólo somos nuestra materia corporal y tomamos el riesgo de emplear el pensamiento y la verbalización para arribar a otras realidades. Cuando esto ocurre, estamos en posibilidad de incursionar en los niveles egoicos.

En el estadio de los **niveles egoicos,** el sujeto habrá de identificarse con sus capacidades mentales y a aprenderá a aplicarlas. Esto se alcanza mediante tres escaños. El primero de ellos, se denomina **nivel egoico temprano** y se ubica todavía en la fase prepersonal.

El sujeto ya tiene claro que es una entidad separada de su madre y que él no es sólo en su cuerpo. Ha descubierto el mundo mental y, por ahora, considera que éste es el que le da sentido a su existencia, pero aún debe aprender a utilizarlo. Continúa siendo dependiente de su madre, lo cual le produce situaciones de limitación y tensión.

Los impulsos biológicos de las etapas anteriores principian a dar paso a las pulsiones genitales, poniendo de manifiesto la sexualidad y dejando entrever la capacidad de procrear.

La sexualidad emerge acompañada de un contenido emocional-afectivo y se hace presente en forma agobiante y reiterada. Ambos contenidos presionan fuertemente y el sujeto no sabe como encauzarlos.

El primer interés sexo-genital-afectivo se ubica en alguno de los padres. Surgirán tentativas para poseerlo sexualmente, por lo menos mediante fantasías y símbolos. El padre del sexo opuesto se convierte en un rival. La sola posibilidad de ser descubierto es riesgoso y amenazante. Como en todas las etapas, sobreviene el rejuego entre avanzar y retroceder.

Retroceder es imposible, pero está latente el deseo de regresar. Implicaría no acceder a los nuevos contenidos y retornar a los balbuceos del uso incipiente de las capacidades mentales.

En cambio, avanzar es aceptar la incorporación del impulso sexual-emocional-genital; no obstante, ubicarlo sobre alguna de las figuras parentales es desafiante e improcedente. Una posibilidad sería reprimirlo y renunciar a él, pero ello implicaría despojarse de la posibilidad de crecer.

La opción liberadora es dirigir el objeto de los deseos hacia otra persona. En principio, la atención se ubica en alguien mayor, pero con el tiempo se descubre que existen individuos de una edad equiparable a la nuestra hacia quienes podemos dirigir nuestros impulsos.

En este tramo del desarrollo, las relaciones de pareja se ven interferidas por la prevalencia de la figura del padre del sexo opuesto, por lo que uno se vincula con aquellas personas que guardan un cercano parecido con papá o mamá.

A partir de ahora y mientras no se efectúe un nuevo descubrimiento, el intento de fusión con el Todo se emprenderá por medio de la unión sexual-afectiva, como sustituto provisional de la auténtica unión con el atman. La corta duración de la relación sexual hace que esta fantasía sólo permanezca por un instante y concluya con una sensación de pérdida.

Aceptar la presencia del impulso afectivo-sexual sin recurrir al incesto, es la tarea central de esta etapa. De ordinario, eso es lo que sucede. Más aún, llegamos a reconocer que la unión corporal no es el único medio para alcanzar el atman.

Eros nos impulsará a identificarnos de modo exclusivo con la genitalidad corporal y Tánatos nos llevará a descubrir y emplear una nueva capacidad: la voluntad. Por medio de ella, podremos apartarnos de lo que la biología ciegamente nos demanda y convertirnos en aquello que nos parece más adecuado ser. Cuando Tánatos triunfe, estaremos listos para entrar en la fase personal.

La escena intermedia del desarrollo humano está ocupada por la **fase personal** y tiene su punto de partida en el descubrimiento y ejercicio creciente de la capacidad volitiva. Transcurre a lo largo de varias etapas mediante las cuales nos convertimos inicialmente en un modelo predeterminado y, finalmente, decidimos ser espontáneos al descubrir que el mejor uso de nuestra voluntad individual es ponerla al servicio de una entidad mayor. La fase personal está integrada por las etapas egoica intermedia, egoica superior, bandas biosociales y centauro.

Uno llega a la etapa egoica intermedia con un conjunto de conceptos, imágenes, capacidades y sensaciones que nos habilitan como entidades independientes; el reto estriba en ser una determinada entidad independiente, es decir, ser reconocido como individuo diferente de los demás, provisto de atributos propios.

El ser en proceso ya se ha hecho consciente de su facultad procreadora y biológicamente ya es capaz de dar vida a otro ser, aunque primero debe construirse a sí mismo, lo que en cierta forma significa convertirse en padre de sí mismo.

Inicialmente, el sujeto no tiene claro cómo quiere ser, pero él quiere ser *alguien*, sobresalir de la masa, diferenciarse de otros individuos y ser reconocido por sus peculiaridades.

El único resultado que le importa como consecuencia de sus actos es la prevalencia de sí mismo. Eso le llevará a contrapuntearse con los valores y preceptos prevalecientes en su comunidad y con otros individuos que persigan el mismo empeño.

El falo se convierte en el símbolo de su poder y cree poderlo ejercer a su pleno arbitrio, a pesar de que teme ser aplastado por la fuerza del falo más poderoso, el de su padre, y ser castrado. La figura del padre se extiende para incluir toda autoridad o cualquier otro individuo con más poder.

Para subsistir, deberá atreverse a ser él mismo, a decir "yo quiero", lo cual, al principio, hará de manera torpe y autoritaria. Dentro de su hogar, el esquema de autoridad ya está definido y él no ocupa el lugar preponderante, por lo que habrá de rebatirla, pretendiendo demostrar con ello su prevalencia. En el mundo animal, con frecuencia este dilema se resuelve abandonando el nido o siendo echado de él.

Éste es un momento decisivo del desarrollo, pues, si uno ya logró quedar a salvo de la aprehensión materna, ahora tiene que librarse de ser castrado por el padre por medio de la drástica imposición de una forma de ver el mundo y de vivir la vida. El propio individuo no está buscando destruir a su padre, sino construirse su propia personalidad.

En esta etapa, las relaciones de pareja están bajo el influjo de una voluntad que pretende imponerse a toda costa y que conduce a discusiones y conflictos.

Eros se expresa aquí como el deseo de renunciar a la capacidad generativa. Tánatos presiona al sujeto para que prosiga su proceso de individualización, sin romper en definitiva con sus raíces parentales.

Así, la persona llega a la **etapa egoica madura**. Su comportamiento anterior se fundamentó en la mera necesidad de autoafirmarse. El deseo de prevalecer y de ser reconocido se impusieron, sin contar con un esquema bajo el cual configurarse.

Ahora, el ser en proceso va a elaborar su ego en función del modelo en el que sus padres y maestros lo han venido educando. Al incorporarlo en su personalidad, va a constituir lo que se denomina *superego*, el cual se constituye por un conjunto de advertencias, órdenes y prohibiciones procedentes de sus figuras parentales. Al introyectarse y quedar instalados, los tendrá en cuenta sin necesidad de medios disciplinarios externos.

El superego consiste en una estructura interna de valoración en función de la cual consciente o inconscientemente uno va a conducirse. Funciona como un tamiz ante los impulsos y necesidades de la persona, definiendo las conductas que van a ser permitidas o rechazadas. Los contenidos reprimidos serán depositados en un contenedor denominado *la sombra.* En tanto que está sujeto en gran medida a los dictados del superego, el individuo no podrá portarse de manera flexible y natural para atender sus necesidades, anhelos y deseos. Estará constreñido a vivir de acuerdo con un modelo ajeno, que reprueba todo aquello que no está dentro de sus cánones.

El resultado es un ego artificial y fragmentado que actúa conforme a criterios rígidos preestablecidos y que, para no dejar ver su verdadera cara, usa máscaras para interactuar con el mundo.

El ser en proceso podrá permanecer a lo largo de su vida cargando esta pesada dualidad, a menos que algún día decida quitarse la careta y dejarse ver como es realmente. Mientras tanto, será presa de la alienación y el desajuste entre la apariencia y sus auténticas convicciones, lo cual, a menudo, es motivo de alienación y enfermedad. Pero en el momento en que lo decida, podrá operar por encima de sus subpersonalidades e iniciar el proceso de ser él mismo. Para ello, deberá desidentificarse de sus máscaras y trascenderlas, generando un ego maduro e integrado.

Mientras el sujeto opera bajo los mandatos preestablecidos, siente la seguridad de estar en lo correcto. Cuando Tánatos le apremia a librarse de ellos, surgen los temores a equivocarse y a ser denigrado. Como respuesta, Eros le conmina a regresar a lo seguro y aceptado. La batalla se define cuando se toma el riesgo de enriquecerse al dar acceso a otras pautas no contenidas en el superego localizadas más allá del entorno inmediato en el que ha vivido.

Esta etapa es muy complicada para la relación de pareja, en especial si ambos la transitan de manera simultánea. Cada uno juzga a su compañero con las pautas de un marco de referencia muy diferente debido a su origen sociofamiliar. Al principio, se atrajeron por factores de complementación, pero una vez unidos se acusan mutuamente de sus imperfecciones a la luz de los modelos que portan consigo.

Entonces, el individuo se asoma a las **bandas biosociales**. Ya ha rebasado el nido original y la escuela elemental y media que, casualmente, es llamada *el segundo hogar*. Como secuencia natural de su crecimiento biológico y psicológico, incursiona en diversos grupos sociales. El marco de sus nuevas relaciones está regulado por una serie de patrones, categorías y etiquetas que debe acatar.

En este momento, la presión para seguir determinadas pautas de conducta ya no será conducida por los padres y maestros, sino por las instituciones sociales, figuras un tanto abstractas que conforman el contexto social en que participa.

El individuo recibe formal o informalmente una inducción para estar en condiciones de lograr una adaptación "exitosa" a su contexto. Requiere adquirir algunas habilidades laborales, en función de los nichos de mercado en los cuales habrá de desempeñarse y a cambio de las cuales obtendrá una paga que le haga posible cubrir sus necesidades. Estará inmerso en ciertas prácticas religioso-sociales. Acudirá a festividades y se divertirá de acuerdo con cánones específicos. En suma, la sociedad habrá de instruirlo para que siga las pautas correctas y le indicará lo que está permitido y lo que no.

El hecho de pensar y actuar en términos de estereotipos y de etiquetas sociales ocasiona que uno tenga que ver el mundo con ojos ajenos. La persona se ve a sí misma como un ser en relación, sujeta a fuertes condicionamientos sociales.

Ante esta circunstancia, uno queda atrapado en las bandas biosociales. Sólo hay dos posturas posibles: aceptar sumisamente o rebelarse. Cada una de ellas cobra un precio, el cual repercute en el desarrollo de la personalidad.

El ser en proceso tendrá que aceptar que vive en un mundo social, pero tarde o temprano deberá trascenderlo e ir más allá de los convencionalismos y las instituciones. No se trata de apartarse y de renunciar a la vida comunitaria, sino de dejar de identificarse como uno más en el rebaño y lograr el descubrimiento de uno mismo.

El dilema está en que uno se perciba como centro de su propio mundo o como satélite del núcleo social al que pertenece. Por desgracia, el propio aleccionamiento social propala que pensar en uno mismo sea una especie de insano egoísmo.

No obstante, el sentimiento exclusivo de pertenencia grupal o social debe ser superado y trascendido hacia una visión de las cosas tal y como las ven nuestros ojos, más allá de lo que los condicionantes sociales pretenden.

Debemos aprender a adaptarnos a las exigencias culturales y colectivas de acuerdo con la función que decidimos desempeñar en la sociedad, pero, a la vez, ser uno mismo. Si este esfuerzo fracasa, se forma un yo artificial, cuyo modelo se basa en la imitación estereotipada o en una mera representación obediente de la tarea que colectivamente se nos asigna.

Cuando la individualidad se confunde con la función social y la adaptación a la realidad no es propia, sino tomada del estilo colectivo, se puede decir que uno está enajenado. El sujeto puede sentirse grande y poderoso porque es una determinada figura pública, frente al insignificante ser humano que experimenta ser. Tal individuo no es más que su ocupación, sea doctor, madre, empresario, astrólogo o cualquier otro que represente. En consecuencia, deriva su propio valor de su máscara social y vive para ella, haciendo a un lado sus necesidades más profundas y genuinas.

En este estadio, la presión social nos incita a canalizar los impulsos sexo-afectivos hacia una persona determinada e iniciamos una familia. La pareja que seleccionamos se convierte en un espejo de nosotros mismos y en un complemento de nuestras carencias y nuestras cualidades.

La batalla entre Eros y Tánatos es idéntica a la que se vivió en la etapa anterior. El primero nos insta a permanecer anclados en el andamiaje social. El segundo, al contrario, empuja al ser en proceso a asumir el riesgo de conducirse bajo sus propias pautas.

Las relaciones de pareja en esta etapa son confrontantes, por cuanto se da en cada uno de ellos un menor o mayor grado de sumisión o rebeldía ante los cánones sociales. Por el propio mandato social, los miembros de la pareja habían permanecido juntos, pese a un cúmulo de diferencias y conflictos.

A últimas fechas, se ha venido recrudeciendo la presencia de factores egoicos y aún los ingredientes de avance hacia el centauro, empujan a uno o a ambos hacia la ruptura de su vínculo.

Cuando uno comprende que no es sólo su cuerpo, su mente, sus emociones, sus impulsos sexo-afectivos, un ego necesitado de sobresalir, un ser atado a los cánones colectivos y un personaje en el escaparate social, queda en condiciones de integrar todos estos elementos en una unidad superior que Wilber denomina **centauro**.

El reto principal para acceder al centauro es atreverse a dejar de lado las prescripciones sociales y vivir en función de la espontaneidad voluntaria surgida de la integración unitaria del cuerpo y de la mente. No es un asunto sencillo. Por una parte, la sociedad estigmatiza a aquellos que se apartan del rebaño y, por otra, no provee de un entrenamiento que habilite para vivir de esta manera. Se requiere de una fuerza yoica consistente en contar con ayuda profesional.

Es el estadio de la autonomía, de la integración, de la autenticidad y de la autorrealización. Se hace indispensable hallar un significado a la vida y trabajar en forma ardua para reconstruirse a uno mismo en función del nuevo paradigma.

Los psicólogos humanista-existenciales, aunque no le llaman *centauro*, consideran que éste es el estado superlativo del desarrollo personal y han elaborado un caudal de técnicas para impulsarlo, haciendo hincapié en la autoestima y la autorrealización. Transitar por el centauro entraña cuestionar y trascender los moldes que hemos utilizado a lo largo de todas las etapas anteriores. Éste no es un trabajo sólo de discernimiento y análisis. Consiste sobre todo en la vivenciación de nuestras profundidades para ponernos en contacto con las pulsiones biológicas y emocionales que radican ahí, para redescubrirlas y reconciliarnos con ellas.

Característicamente, este descubrimiento se consigue mediante una íntima relación de pareja, armoniosa o no, pero que comparte piel a piel el flujo y reflujo de su intercambio emocional, afectivo, sexual y de proyecto de vida.

Es un proceso de renacimiento para resurgir como el ave fénix, de nuestras propias cenizas, habiendo asimilado nuestro pasado.

Gracias a este empeño, recuperamos la intencionalidad natural de la vida, haciendo de lado cualquier otro propósito artificial. Ya no es la espontaneidad incontrolada propia del niño, sino la manifestación voluntaria que surge en condiciones de libertad y trasciende la impulsividad instintiva y los controles rígidos impuestos por cualquier modelo introyectado.

Adquirimos la capacidad de ver los acontecimientos pasados y las expectativas en función de su importancia actual, es decir, aprovechando la información y vivencias del pasado y proyectando nuestros propósitos hacia el porvenir, desde la perspectiva del presente. Integramos los diversos fragmentos de nuestra personalidad, alineando las manifestaciones mentales, emotivas y conductuales en una sola expresión global.

Aprendemos a emplear la llamada *fantasía superior*, lenguaje propio del ser total, que expresa de manera paralela los contenidos del inconsciente y del consciente. Nos habilitamos para tolerar la ambigüedad, es decir, dejamos de tener la necesidad compulsiva de decidirnos continuamente por alguno de los opuestos de toda dualidad, como el bien y el mal, la satisfacción y la insatisfacción, etcétera.

A pesar de su elevada condición, el centauro sigue siendo un momento más en el camino, un sustituto provisional del atman, embebido en una especie de autocontemplación al observarse orgulloso convertido en uno mismo, como lo declara la popular melodía denominada "A mi manera".

Persiste la angustia de la separación, pues el centauro tampoco acepta con facilidad su propia muerte, aunque ésta es la primera vez que la identidad del sujeto posee la fuerza suficiente para aceptarla. Eros presiona para volver al lugar seguro de los cánones generalmente aceptados y Tánatos a convertirse de modo definitivo en uno mismo.

Las relaciones de pareja en el centauro difícilmente provienen de vínculos formales, a menos que se haya operado en ellos una transformación paralela. Aquí, los vínculos derivados de un contrato social carecen de significado. Lo que hace que permanezcan juntos es una relación interdependiente, en la que el respeto, la libertad y la corresponsabilidad desempeñan la función principal.

El ser en proceso está ahora en posibilidad de rebasar el sentido individualizado de la vida y de adentrarse en la fase **transpersonal.**

Durante la fase prepersonal, el sujeto descubre su existencia y sus capacidades fundamentales. Más adelante, en la fase personal, se da cuenta de que puede autoconstruirse y lleva a cabo esta tarea. Una vez que ha saciado su hambre de ser él mismo, queda en posibilidad de volcarse hacia su alrededor y de servir a los demás.

Conforme el sujeto fue avanzando, las pulsiones de carácter biológico se operaron cada vez más gracias a la mente, por lo que dejaron de descargarse de manera ciega e inmediata y se encauzaron en función de un modelo generado primero en el seno familiar y luego en el contexto social.

Cuando el ser en proceso descubrió su capacidad generativa, se erigió como un ego dominante y poderoso. Más tarde, aprendió a sujetarse a determinados valores socioculturales y, al descubrir que la culminación de sus anhelos consistía en construirse a sí mismo, dejó de combatir para alcanzar una supremacía irreflexiva.

Ahora, colmadas sus aspiraciones egoicas, la energía deja de estar al servicio de su autoengrandecimiento al ponerse de manifiesto que existe un orden superior más allá de su propia exaltación.

La vida transpersonal consta de tres etapas, denominadas *reino sutil, reino causal* y *reino final*, mediante las cuales los estados de conciencia que se habrán de experimentar son cada vez más elevados y trascendentales.

Al acceder al **reino sutil**, llega el momento en el que nos empezamos a hacer sabios y a utilizar la mente y los sentidos más allá de los confines del yo físico y del beneficio propio. Se entra en contacto con facultades como las experiencias extracorporales, los fenómenos paranormales y la percepción directa del conocimiento, entre otros.

Por medio de la meditación es factible acceder a un tipo de cognición arquetípica superior, que no supone una pérdida de conciencia, sino la intensificación de ésta, haciendo posible nuestra identificación con un orden superior.

Wilber distingue un reino sutil inferior y un reino sutil superior. En el primero, la conciencia trasciende la mente corporal y se identifica con los arquetipos universales, descubriendo con ello la presencia de un orden superior que trasciende el mundo de las formas. Así, se descubre que formamos parte de un esquema universal. Surgen otras motivaciones que dejan atrás el lucimiento personal y se orientan hacia el beneficio comunitario, atendiendo necesidades y sufrimiento ajenos.

En el segundo, tienen lugar percepciones simbólicas e intuitivas de un orden extraordinariamente superior. La conciencia acaba por diferenciarse por completo de la mente y del yo cotidianos, pudiendo denominarse *supramente*. De manera paralela, nos descubrimos hermanados con todo ser humano y nos incumbe todo lo que a él le afecte.

En estos estadios, las relaciones de pareja dejan de tener un referente social y constituyen más bien un proceso de apoyo para alcanzar la trascendencia. La vivencia central de esta etapa es la distinción entre la conciencia y la mente, con lo cual la percepción se expande hasta otros niveles. Así trasciende hasta aquello que es anterior y posterior a la mente, es decir, a la figura arquetípica de Dios.

El Eros asume cierta forma de amor y bienaventuranza, provocando claro apego a su guía y al linaje de éste. En cambio, Tánatos empuja para seguir avanzando hacia la conciencia total.

En el **reino causal** uno se hace consciente de todos los contenidos de su mente inconsciente, los cuales son reabsorbidos por la conciencia. El reino causal se divide en dos: inferior y superior.

El **reino causal inferior** es la culminación de los sucesos que comenzaron en el nivel sutil y representa la cúspide de la conciencia divina.

En el nivel precedente, el yo es absorbido por la divinidad arquetípica y se convierte en ella. Ahora, ese arquetipo divino se condensa y disuelve en el Dios final, una experiencia que suele describirse como *iluminación*. El sí mismo es identificado con Dios en un estado de beatitud y de amor a la unidad en la que el tiempo cesa y se percibe como una eternidad.

En el **reino causal superior**, se trasciende por completo cualquier forma manifiesta, hasta tal punto que ya no necesita aparecer o emerger en la conciencia. Wilber lo describe como "donde ya no hay un yo, ni Dios, ni sujeto ni nada, a excepción de la conciencia como tal".

Todos los esfuerzos y experiencias del proceso de desarrollo sirvieron para alcanzar este estado de reintegración, que es descrito como el samadhi y que De la Ferriere refiere como la unión del yo con el Yo.

Entonces, señala Wilber, la conciencia despierta por completo a su condición y esencia originales, que es a la vez la naturaleza y esencia de todo cuanto existe y constituye el reino final, hacia el cual se encamina la evolución del cosmos y, en consecuencia, la humana.

Este último estado, en el que todas las cosas y todos los sucesos, aún permaneciendo completamente separados y discretos, se perciben como uno solo y subyace la integración perfecta de todos los niveles anteriores, parecería ser el límite final de la evolución, pero no es sino la realidad anterior a todo estadio evolutivo, pues Tánatos ahora lleva consigo el impulso de abrir un nuevo comienzo.

Las relaciones de pareja en la fase transpersonal son prácticamente virtuales, ya que el compromiso central ya no se ubica en una persona específica. El matrimonio del mahatma

Gandhi es un buen ejemplo de ello. El vínculo se traslada de lo individual a lo colectivo, hacia la humanidad, hacia el linaje y, por último, hacia la búsqueda de la iluminación.

En su práctica de docencia y consultoría astrológica, el autor ha podido observar un extraordinario paralelismo entre las etapas del desarrollo humano y la secuencia de los signos zodiacales, como lo describe en el libro *Astrología para el desarrollo humano*.

Por lo general, el zodiaco se representa como una rueda que se inicia en Aries y termina en Piscis. Si le incorporamos el concepto del desarrollo que consiste en una espiral ascendente, tenemos la clave para poder interponer ambos esquemas, cuya puerta de acceso y salida es **Piscis**, que es el signo de la fusión y de la confusión. En el seno materno y hasta un tiempo después de nuestro nacimiento, vivimos precisamente una experiencia unitaria, inmersos en la totalidad, tal como se describe en la etapa del pleroma.

Luego, empezamos a experimentar la existencia, por medio de la movilidad refleja e irreflexiva que caracteriza a **Aries**. La figura del uróboros, que es una serpiente que se muerde la cola, es muy ilustrativa de lo que sucede a un sujeto ariano cuyo comportamiento impulsivo da la impresión de que sólo él existe, de que sólo sus deseos cuentan, sin tomar en consideración a los otros sujetos-objetos que residen a su alrededor.

Más tarde, nos percibimos como dos bloques en interacción, uno que somos nosotros mismos y otro que consiste en un entorno que nos arropa y alimenta y que, por tanto, dependemos de él, representando a nuestra madre. La existencia del bloque que somos nosotros nos es revelada mediante nuestra sensibilidad corporal. Uno es su cuerpo, la materia de la que está hecho. Esta experiencia la encontramos en **Tauro**, objetivo, sensual, pausado, acumulador y reactivo.

La etapa cognitiva acusa con claridad las características de **Géminis**. La curiosa y juguetona mente verbalizadora, la exploración de corto alcance en el entorno inmediato, el manejo casi siempre contradictorio de la dualidad, la imaginación creativa que divaga sin concretar.

En la etapa egoica temprana emergen los contenidos afectivos emocionales y genitales, los cuales son vertidos por ahora hacia la madre. Este comportamiento es claramente observado en **Cáncer**. Cuando el ser arriba a la etapa egoica intermedia, el ser en proceso empieza a ejercer el poder de su voluntad. Aún no tiene claro qué quiere, pero desea querer y sobresalir, aunque a veces sea mediante algo absurdo y caprichoso, igual que hallamos en **Leo**.

En la etapa egoica madura, el sujeto introyecta un modelo de comportamiento, derivado de las prescripciones paternas. Con ello, su comportamiento es confrontado continuamente por las pautas interiorizadas que le dicen lo que es correcto y lo que no. Está sujeto a un *deber ser*, igual que **Virgo**, perfeccionista, metido en el detalle y cuidando en todo momento no salirse de los cánones preestablecidos.

El ser en proceso crece y se vierte en las denominadas **bandas sociales**. Genera un esquema de relaciones con las que interactúa en forma incesante, entre las cuales emergen parejas y contrapartes. Ya no está sujeto a las presiones familiares, pero ahora deberá "quedar bien" con un conglomerado mayor. Éste es el compromiso de **Libra**, el signo sociable por excelencia, ocupado de guardar las formas y convencionalismos del grupo en que participa.

Con Leo la relación era de dominadores y dominados. A partir de Libra, inicia relaciones horizontales de igual a igual. El otro se convierte en espejo de uno mismo. Al reconocer las peculiaridades del otro, uno queda en condiciones de comprender y aceptar las propias. En consecuencia, las relaciones personales se viven con intensa y profunda intimidad, como es característico de **Escorpio**, mediante lo cual quedamos en condiciones de vencer la separatidad y transformarnos.

Con Libra iniciamos la aventura de vivir por medio de estar acompañados y construir un nosotros. Con Escorpio, ese nosotros se funde, dando como resultado un estado de conciencia que incluye más que un sólo yo, expandiendo nuestras fronteras.

Hasta Cáncer, no éramos más que un apéndice de nuestra madre. Con Leo surge la posibilidad de convertirnos en arquitectos de nosotros mismos. Al concluir nuestra formación escorpiana, hemos enfrentado nuestras realidades internas y podemos acceder a la parte final del centauro, que habrá de darle un sentido particular a nuestra existencia para convertirse en él mismo, en pleno ejercicio de autenticidad y autorrealización jupiteriana. Ahora, la tarea ya no es ser, ni cómo ser, ni ser con toda intensidad. Eso ya lo hemos hecho antes. Es el tiempo de darle sentido a lo que somos al asumir una filosofía de vida, es decir, de abordar el arquetipo de **Sagitario**.

Llega el momento de nuestro tercer nacimiento. Con el primero, en Aries, vinimos a la existencia. Con el segundo, en Leo, abrimos la puerta de nuestra autorrealización. Con el tercero, en Sagitario, ya no es importante la pretensión de ser de cierta manera, porque nos descubrimos como parte de un ente mayor y ahora queremos actuar de manera relevante y congruente con esta nueva cosmovisión.

Así, entramos a la fase transpersonal y con ello accedemos a una sabiduría que descubre el orden y sistema del Universo y que nos hace posible usar la mente y los sentidos en un marco que rebasa el yo físico y el beneficio propio.

En un primer momento, **Capricornio** se proyecta ambicionando un lugar preponderante en el nuevo escenario, integrado por un público que ya no consta de una persona o de un pequeño conjunto de ellas, sino de un nutrido conglomerado.

Conforme avanza, se da cuenta de que quien verdaderamente se coloca por encima de los demás es aquel que les sirve, que el que quiere elevarse primero se inclina en su propia rodilla, asumiendo responsabilidades para con sus semejantes. Toma la figura del patriarca Abraham, accediendo a la riqueza material para compartirla con su pueblo. Accede a la sapiencia del anciano que mora en el umbral, trayendo consigo una serie de aprendizajes iniciales de vaciamiento del yo en el Todo.

Con **Acuario**, el ser en proceso se interconecta con un conglomerado aún mayor, que empieza por los amigos y se extiende hasta toda la humanidad, bajo un concepto impregnado de fraternidad y humanismo. Cuando la espiral del desarrollo lo hace posible, el ser en proceso adquiere y utiliza capacidades del orden extracorporal, de precognición intuitiva y genialidad.

Por último, **Piscis** dirige su mirada misericordiosa hacia un universo más amplio, que incluye todo lo que existe. Procura, como Einstein, leer en la mente de Dios y escudriñar sus misterios o, como Francisco de Asís, abandona el mundo del relumbre material y vive experiencias iluminadoras y de hermanamiento con toda criatura viviente.

De ningún modo estamos asumiendo de manera lineal y simplista que alguien en función de su signo solar de nacimiento está en tal o cual nivel de desarrollo; el asunto es mucho más complejo. Aquí lo expondremos brevemente.

La secuencia de los signos del zodiaco tiene diversas implicaciones. No hay que olvidar que éstos representan los arquetipos universales manifiestos en toda la creación. Por una parte, describe el proceso que vive todo individuo a lo largo de su vida, pues cada una de las etapas de su crecimiento (biológico, psicológico, social y espiritual) alude a dichos arquetipos en el orden en que aparecen en el zodiaco.

Asimismo, representa el tránsito a lo largo de varias vidas sucesivas, gracias a las cuales el ser en proceso va avanzando desde la fase prepersonal hasta la transpersonal. Ello implica aprendizajes paulatinos que se adquieren a lo largo de las encarnaciones. En ocasiones, dichos aprendizajes son incompletos y requieren ser retomados hasta alcanzar su cabal incorporación. Cuando los contenidos son asimilados, corresponde iniciar la etapa subsiguiente. Desde esta perspectiva, el hecho de que un individuo nazca bajo cierto signo solar es indicativo de determinadas tareas de desarrollo que debe asumir.

Los arquetipos a que apunta cada signo zodiacal se manifiestan en cualquiera de los tres grandes bloques de desarrollo: prepersona, persona y transpersona. El comportamiento del sujeto es estructuralmente idéntico, pero cualitativamente distinto. En el primer peldaño, la sensación central es simplemente vivir. En el segundo, vivir para sí mismo. En el tercero, vivir para servir a los demás.

Lo que la astrología puede hacer por las relaciones de pareja

Desde hace varios miles de años, el hombre empezó a observar el movimiento de los cuerpos celestes y a relacionarlos con los acontecimientos que ocurrían en la Tierra.

Encontramos presente la astrología en la evolución de los pueblos árabes, griegos, indios, tibetanos, mayas, aztecas, persas, hebreos, incas y chinos, entre otros. La mayoría de los historiadores están convencidos de que la astrología surgió en Mesopotamia (territorio que hoy lleva el nombre de Irak), aunque otros consideran que esto ocurrió en Egipto. Lo cierto es que el zodiaco, integrado por doce signos como lo conocemos en la actualidad, es invención de los babilonios.

Originalmente, la utilización de la astrología estaba en manos de la clase sacerdotal y su propósito principal era aconsejar a los soberanos acerca de la guía de sus reinos. En Grecia, durante el periodo de esplendor helénico, pocos años antes de nuestra era, se dieron las condiciones para integrar el cuerpo básico de conocimientos que da forma a la astrología como hoy la conocemos. Los filósofos, matemáticos y astrónomos helenos generaron los tres pilares indispensables: una cosmovisión o mitología, los criterios cuantitativos y la observación metódica de los cuerpos celestes; fue así como se conjugaron las aportaciones de un sinnúmero de hombres ilustres como Tales de Mileto, Platón, Pitágoras, Empédocles, Heráclito, Hipócrates y Hesíodo.

En sus orígenes, la astronomía y la astrología formaron un solo bloque, denominado *astrologia* y fue hasta el siglo VII cuando se empezaron a diferenciar.

A principios del siglo II, la astrología fue introducida a Roma y estuvo ligada tanto al culto a las deidades como al servicio de los emperadores y aun del propio pueblo romano, alcanzando gran difusión. Pompeyo, Marco Antonio, Octavio, Tiberio y Vespasiano, entre otros, se apoyaron en los servicios astrológicos.

Al ir tomando fuerza la Iglesia cristiana, ésta persiguió la astrología por identificarla con la religión de Mitra, deidad mesopotámica. Sin embargo, sobrevivió al abrigo de los monasterios, donde fue acogida durante la Edad Media.

Algunas de las propias autoridades eclesiásticas como Tomás de Aquino y los papas Sixto IV, Silvestre, II, Julio II, Urbano VIII, Paulo III y, más recientemente, Juan XXIII, fueron simpatizantes de la astrología. Bajo el pontificado de León X, se dictaba una cátedra astrológica en la Universidad Pontificia.

En el mundo árabe, despertó gran interés y tuvo avances significativos mediante complicadas operaciones matemáticas, cuyos productos fueron denominados *las partes arábigas*, como la parte de la fortuna, la parte del matrimonio, la parte del divorcio y muchas más.

Durante el Renacimiento, algunos astrólogos eran tenidos por sabios y enseñaban en las universidades, como Roger Bacon, quien enseñó astrología en la Universidad de Cambridge.

Dante Alighieri, William Shakesperare y Goethe incluyen en sus obras diversas citas y referencias astrológicas. Personalidades como Ovidio, Virgilio, Alfonso X el Sabio, Miguel de Nostradamus, Ticho Brahe, Kepler, Paracelso, Giordano Bruno, Spinoza, Leibnitz, Isaac Newton, Carlo Magno, Napoleón, Ronald Reagan, Adolfo Hitler, Catalina de Médicis, Madam Blavatsky y Carl Gustav Jung, simpatizaron con la astrología e incursionaron en ella.

Diversas instituciones de prestigio se dedican hoy en día a la enseñanza de la astrología, como la Escuela Española Huber de Astrología, la Facultad de Medicina de la Universidad Complutense de Madrid, la Escuela de Cultura Astrológica de Madrid, la Facultad de Estudios Astrológicos de Londres, el Aquarius Workshops Inc. en Estados Unidos de América, el Astrologisch-Psychologisches Institut de Suiza, etcétera.

En la actualidad, existe una tendencia a utilizar la astrología como herramienta de apoyo para la consulta psicológica. Son varios los terapeutas de renombre que la han adoptado en su trabajo profesional, como Liz Green, Howard Sasportas, Stephen Arroyo, Marion March y Joan Mc Evers.

La astrología se ocupa del estudio de la naturaleza y el funcionamiento de las estructuras primordiales que mueven el Universo. Éstas son denominadas *arquetipos* y constituyen los componentes básicos con los cuales está construida la realidad en sus diversas manifestaciones. Los arquetipos radican en el inconsciente colectivo y son compartidos en forma innata por todos los seres humanos; son al plano mental lo que los instintos son al plano biológico. Tienen la función de transformar la energía de que dispone cada individuo para que éste logre su desarrollo.

Prácticamente en toda mitología encontramos la representación de los principios arquetípicos, descritos en función del nivel evolutivo de cada cultura. Los dioses a que se refiere toda mitología son metáforas que nos relatan determinados comportamientos arquetípicos.

Como establece Eliade, las imágenes, los símbolos y los mitos no son creaciones fantasiosas y absurdas del psiquismo humano, sino que cumplen con la función de hacer progresar las potencialidades inherentes a cada ser.

En la Antigüedad, los principios primordiales fueron personificados y se describieron como cualidades de los dioses. La mitología griega es un sistema de representación de la realidad basado intuitivamente en los principios esenciales. En la Biblia y más específicamente en el Libro de Revelación o Apocalipsis, detectamos la presencia de estos mismos principios.

La astrología representa los principios fundamentales mediante los planetas y los signos. La correcta lectura de las configuraciones astrológicas es aplicable a cualquiera de los demás niveles de la realidad y, en particular, a la condición humana. Los planetas sólo son representaciones de dichos principios.

En consecuencia, la astrología es la doctrina de la interpretación de los principios primordiales por medio de los movimientos de los astros. Es un cuerpo coherente de conocimientos que nos sirve para explicar los acontecimientos de la humanidad y de los individuos. Los planetas pueden ser sustituidos por otros indicadores, pues sólo son representaciones de los principios básicos y no, como algunos asumen, los que determinan la suerte de las personas en función de una influencia que pudieran ejercer sobre éstas.

Cuando alguien nace, se manifiestan en él los atributos arquetípicos presentes en ese momento, llamados *calidad del tiempo*. La calidad del tiempo que prevalece cuando algo o alguien emerge, les imprime su sello particular, el cual les será característico a lo largo de toda su existencia. De manera periódica, irán emergiendo otros arquetipos, dando oportunidad a que ocurra una transformación, la cual operará sobre el troquel original.

La presencia de los arquetipos no obedece a un capricho circunstancial, es producto de una secuencia cíclica y, por tanto, es previsible. Por ello, desde el momento en que algo empieza, ya están señaladas las posibilidades de su curso y su final. El hombre no escapa a este principio y, con base en sus decisiones y comportamiento, va labrando su propio destino.

Nada surge a la vida si su naturaleza no es correspondiente con las condiciones arquetípicas prevalecientes. Por esta razón, los seres humanos nacemos en un momento particular. Nuestro nacimiento se produce en el instante en que están dadas las condiciones adecuadas para continuar con nuestro desarrollo. Por este motivo venimos a la vida en determinado momento, el cual tiene la configuración planetaria específica que corresponde a nuestras características. Así, surgimos bajo el cobijo de un signo solar específico porque somos resonantes al tipo de energía que éste representa y a partir de la cual habremos de cumplir con ciertas tareas.

Nacemos bajo determinado signo ya que el arquetipo que representa es el adecuado a nuestras características adquiridas a lo largo de nuestras vidas previas. Es decir, si mi signo solar natal es Libra, esto es lo que necesito para continuar mi evolución. No soy de tal manera porque nací en Libra, sino al revés, nací en Libra porque yo ahora, en esta oportunidad de vivir, estoy requiriendo ser así.

Si ése fuera nuestro primer y único nacimiento, diríamos que las condiciones arquetípicas prevalecientes al nacer definen nuestro carácter, pero como cada nacimiento es uno más de una prolongada serie, podemos afirmar que llegamos al mundo en el momento en que las energías arquetípicas se corresponden con nuestra condición preexistente. No portamos ciertas características porque hemos nacido en un momento determinado; antes bien, nacemos en un instante específico debido a que nuestras características acumuladas así lo requieren.

El horóscopo o carta natal proporciona un conjunto de indicadores que muestran cuál era la calidad del tiempo imperante en la fecha, hora y lugar en que ocurrió el nacimiento y con ello el conjunto de características, tareas, rezagos y oportunidades del sujeto.

La carta natal muestra la ubicación de todos y cada uno de los planetas, nombre genérico que por costumbre se da a los siguientes diez cuerpos celestes: Sol, Luna, Mercurio, Venus, Marte, Júpiter, Saturno, Urano, Neptuno y Plutón. Cada uno de ellos representa un principio arquetípico.

Alrededor de nuestro sistema planetario, se ubican las diversas constelaciones que forman el Universo y de las cuales se eligieron doce para nuestro quehacer astrológico: Aires, Tauro, Géminis, Cáncer, Leo, Virgo, Libra, Escorpio, Sagitario, Capricornio, Acuario y Piscis. Son los denominados *signos astrológicos*.

La carta natal muestra cada uno de dichos planetas, teniendo como telón de fondo alguna de las constelaciones descritas, es decir, en el marco de un signo específico. Éstos representan las cualidades específicas con las que aparecen en la carta los planetas o principios arquetípicos. Así, ocurre que alguien tiene el Sol en Acuario, la Luna en Sagitario, Venus en Capricornio, Mercurio en Piscis, Marte en Virgo, etcétera.

Las distancias entre los planetas se miden en grados y algunas son significativas; genéricamente, se conocen como *aspectos*. Los principales son 0° (conjución), 45° (sextil), 90° (cuadratura), 120° (trígono) y 180° (oposición). El hecho de que un planeta aparezca en la carta natal formando alguno de los aspectos adquiere un significado particular.

El mapa o carta natal se divide en doce sectores o casas astrológicas, las cuales son numeradas en forma sucesiva a partir de la casa uno, cuya cúspide o inicio es el ascendente. Las casas representan las áreas de la vida humana, como los hijos, el trabajo y la pareja.

Es común que dos personas nacidas bajo un mismo signo solar presenten comportamientos muy diferentes, ya que la configuración astrológica que define a una persona no se circunscribe a un solo factor, sino que debe considerarse el esquema completo (toda la carta natal). Para describir a fondo a una persona, es indispensable tomar en cuenta todos estos factores.

Al integrar todos los componentes, quedamos en posibilidad de conocer al dueño de la carta y, sobre todo, su destino. El destino de cada individuo está integrado por tres factores:

los rezagos acumulados en vidas pasadas, las tareas que le corresponde emprender ahora y los atisbos o anclajes para su desarrollo futuro. En suma, la carta natal describe las potencialidades con las que el sujeto concurre a la vida.

Más aún, si complementamos la carta natal con los tránsitos planetarios, quedamos en condiciones de conocer en qué periodos de la vida de una persona aparecerán los principios arquetípicos, instándole a cumplir determinados contenidos de su destino. Los tránsitos planetarios consisten en el avance natural de los planetas reales, incidiendo como aspectos astrológicos sobre los planetas natales como aparecen en la carta.

Como hemos mencionado, con el nacimiento se manifiesta la calidad de tiempo prevaleciente y, a partir de ahí, empieza a desplegarse una especie de programa de vida. El camino está señalado desde entonces; las tareas y los tiempos están prefigurados, aguardando la respuesta del sujeto. En sus manos queda la ejecución oportuna o la resistencia a actuar, la posposición indefinida o el avance sólido, la frustración o la sensación de plenitud.

Es mucho lo que nos pueden decir las configuraciones planetarias. Debemos desterrar la idea de que éstas son las causantes de nuestra buena o mala suerte. La astrología nos proporciona información de gran utilidad, pero no es cuestión de magia. Aporta un diagnóstico preciso acerca de nuestra condición particular. Si queremos triunfar, disfrutar de salud, bienestar, amor y prosperidad, haremos bien en basarnos en sus prescripciones, pero además, debemos actuar en forma adecuada y consistente.

Son diversas las herramientas que la astrología posee para apoyar nuestra superación personal y nuestras relaciones de pareja. Al integrarla con el esquema de psicología transpersonal descrito en el capítulo anterior, su potencial se incrementa y nos permite ofrecer una mayor contribución, que hemos denominado *astrología para el desarrollo humano*.

Recordemos que los acontecimientos de nuestra vida personal no se presentan al azar y, por tanto, que lo que nos sucede no está en función de los caprichos de una deidad y mucho menos de la influencia positiva o negativa de los planetas.

Existe la creencia general de que si nos va mal, se debe a una cierta configuración planetaria; mas no es así. Cada uno de nosotros ha generado las causas para fincar su éxito o fracaso, ya sea en esta encarnación o desde las anteriores. Los planetas sólo nos sirven como indicadores para conocer qué es lo que está sucediendo, de igual forma como el termómetro no causa la temperatura, sino que sólo la mide.

Un buen diagnóstico astrológico nos ayuda a conocernos a nosotros mismos y a descubrir nuestras cualidades y carencias y las de nuestro(a) compañero(a). Permite identificar las predisposiciones de afinidad y discordancia que ambos aportamos al vincularnos.

Si bien el proceso del desarrollo humano tiene una secuencia característica y todos habremos de cubrir las diversas etapas del recorrido, cada individuo debe efectuar su propia travesía. Mediante distintas encarnaciones, hemos adquirido diferentes personalidades. Todos tenemos un pasado que nos hace ser como ahora somos, en esencia iguales, pero profundamente heterogéneos.

Cada persona tiene ante sí un programa que cumplir para proseguir en su evolución. Como parte de éste, estamos predispuestos a relacionarnos con cierto tipo de individuos, para nacer en el seno de una familia específica, para vivir ciertos acontecimientos y para tener determinados problemas, enfermedades o logros.

Las lecciones que debemos aprender se nos presentan por medio de los agentes del destino. Aunque el impulso proviene de nuestro ser, parecen venir del exterior, en especial de nuestro contacto con los demás y, más en concreto, de aquellas relaciones que son muy significativas, como las que tenemos con nuestros padres, parejas, hijos y amigos.

Estamos de acuerdo con Thornton en que la principal manera de descubrir nuestra propia verdad es mediante las reacciones de los demás ante nuestra presencia y comportamiento. La interacción humana es el factor primordial para guiarnos hacia nuestro autodescubrimiento o, para decirlo de otro modo, para darnos cuenta poco a poco de todo lo que somos.

Lo más extraordinario de esta dinámica es que los aprendizajes son correspondientes: nuestros padres, pareja, hijos y amigos, aprenden de nosotros y nosotros de ellos, o mejor sería decir de las experiencias que compartimos.

Para algunos aprendizajes, nuestra disposición es abierta y positiva y podremos asimilarlos en forma agradable, armoniosa y aun gratificante. Para adquirirlos, será muy adecuada una trama de relaciones armoniosas.

En cambio, en algunos otros casos, nos resistimos a aceptarlos. En consecuencia, las lecciones que habremos de recibir serán pesadas, conflictivas o tortuosas. Es probable que esto se corresponda con un esquema de relaciones difícil y discordante.

Lamentablemente, posponemos algunos aprendizajes y las experiencias debe repetirse una y otra vez, hasta que por fin les demos cabida. Es natural que cada vez golpearán nuestra puerta con más fuerza, complicando para bien nuestra existencia.

Las relaciones de pareja no están sujetas al azar. Atraemos sólo a aquellas personas que se vinculan con el tipo de aprendizajes que nos corresponde adquirir. La interacción posee facetas y momentos agradables a la par que difíciles y estresantes.

La astrología cuenta en su haber instrumentos para comprender la dinámica de las relaciones de pareja; entre ellos están el análisis basado en el signo solar, el diagnóstico mediante las cargas de energía representadas por los elementos astrológicos, la interpretación de las cartas individuales, los mapas astrológicos levantados para el momento en que se formaliza una relación, el estudio de la interacción de las cartas natales, denominado *sinastría* y la detección de encuentros ocurridos en encarnaciones previas.

La forma más común es el **análisis del signo solar** como factor de compatibilidad en la pareja. A menudo, lo encontramos citado en las revistas de sociales. Ahí se afirma con cierto fundamento que un signo es mucho, poco o nada compatible con algún otro.

Cuando coloquialmente decimos que una persona es del signo Piscis o Capricornio, nos referimos al signo en el que el Sol se hallaba en el momento de su nacimiento. No obstante, si sólo aludimos al signo solar y lo hacemos de manera superficial, estamos simplificando demasiado; es como afirmar que dos personas con el mismo signo son idénticas y ello no es verdad. Cuando leemos los horóscopos que aparecen en los diarios, nos parece poco creíble que los millones de personas que comparten el mismo signo tendrán ese día las mismas experiencias. Esto ha contribuido a desacreditar nuestro campo de estudio.

Pongamos el ejemplo de dos individuos con el mismo signo solar, digamos Leo, pero una de ellas con el ascendente en Sagitario y otra en Virgo. La primera con la Luna en Aries y la segunda en Piscis. Aun sin hacer referencia a las demás ubica-

91

ciones planetarias, podemos observar que, si bien las dos son Leo, poseen personalidades y conductas muy diferentes.

En consecuencia, predecir los sucesos que aguardan a todas las personas que comparten un mismo signo es completamente improcedente. En todo caso, las afirmaciones que se hagan al respecto sólo serán válidas para aquellos sujetos cuyas configuraciones planetarias los hacen ser marcadamente representativos nativos del signo.

La astrología sí tiene capacidad para predecir los acontecimientos, pero para ello se requiere de una información veraz y completa e, incluso así, los vaticinios sólo serán aplicables a la persona, pareja, ciudad, país, empresa o suceso para el que específicamente se levantó la carta con base en sus respectivos datos. Asimismo, habrá que tomar en consideración el dominio que el nativo tenga sobre sus variables individuales.

Cuando se circula por las etapas de la fase prepersonal, la capacidad de dirigir el destino a voluntad es reducida y entonces la predicción es más factible, pues el individuo cuenta con menos oportunidad de construirla a propósito. Lo contrario ocurre cuando el sujeto está cruzando la etapa de centauro.

La astrología para el desarrollo humano no tiene el propósito de predecir los sucesos que ocurrirán; más bien, pretende informar cuáles serán los principios arquetípicos que se harán presentes para que, en función de las tareas de vida señaladas en su carta natal, se aprovechen de modo adecuado en una positiva transformación.

Desde esta perspectiva, el signo solar es de la mayor importancia y, en consecuencia, bien puede aprovecharse como factor que incide en la compatibilidad de la pareja, como lo describiremos en el apartado correspondiente.

En todo esquema astrológico, el Sol es el cuerpo celeste más relevante. Por ello, el signo en que se asienta el Sol natal debe analizarse con detenimiento.

Como hemos dicho, cada planeta simboliza un principio arquetípico. El Sol representa la energía fundamental que nos proporciona sentido de existencia e identidad. Es la chispa divina dentro de nosotros, gracias a la cual podemos afirmar "yo soy". Es la forma en que expresamos nuestra individualidad. Su acción es vitalizante y fortificadora y se expresa mejor conforme adquirimos madurez y plenitud.

La astrología tradicional ve al Sol como el factor básico del horóscopo. Se le interpreta como la función que estamos llamados a cumplir en la vida, mismo a que cuando la expresamos a cabalidad, nos permite sentirnos auténticos y autorrealizados. Su posición por signo y por casa indica lo que estamos llamados a ser y a hacer, así como la forma en que debemos expresar nuestras capacidades para cumplir con nuestro cometido existencial. El principio activo que representa, se despliega mediante el esfuerzo sostenido a lo largo de nuestra vida.

Por otra parte, la astrología para el desarrollo humano considera que el Sol representa el conjunto de aprendizajes esenciales a instalar en nuestro ser. Su ubicación por signo nos refiere el salto de conciencia a que apunta la etapa correspondiente, dentro de la secuencia del desarrollo descrita en el capítulo anterior.

Este conjunto de aprendizajes está acotado por el resto de indicadores de la carta natal. Los demás factores podrán resaltarlo, promoverlo y aun obstaculizarlo; sin embargo, el signo del Sol siempre nos indica hacia dónde debemos dirigir nuestros pasos.

En la medida en que nuestra estructura y comportamiento nos permita ver reflejadas las características positivas del signo solar, en esa misma proporción habremos logrado cumplir con la tarea primordial de nuestra existencia.

Aquello a lo que el Sol apunta lo tenemos instalado en nuestra psique y, de ordinario, lo expresamos de manera inconsciente. La labor del astrólogo para el desarrollo es ayudarnos a darnos cuenta en qué consiste.

Nuestras funciones de hijo, padre, cónyuge y demás tareas familiares y sociales nos impulsan a cumplir con nuestro cometido; a pesar de ello, la labor de pareja es la más confrontante y constructiva, ya que en el seno de las relaciones íntimas nos compartimos más intensa y profundamente. Mediante ellas nos mostramos tal cual somos, desnudos psicológica, emocional, moral y físicamente. Ahí se vierten nuestros sueños, debilidades, miedos, pasiones, compulsiones, culpas y hambres no satisfechas.

Desde este punto de vista, la compatibilidad de la pareja a partir de sus signos solares adquiere una dimensión de gran trascendencia.

Asimismo, la compatibilidad puede ser observada en función de la **combinación** personal de los **elementos astrológicos** de cada uno de los miembros de la pareja.

Los elementos astrológicos son cuatro: agua, tierra, aire y fuego. Cada uno de ellos tiene un comportamiento característico que resulta o no compatible con los demás.

Cada individuo posee una proporción de dichos elementos, como puede apreciarse al analizar su carta natal. Los signos zodiacales pertenecen a uno de estos órdenes y, en consecuencia, la ubicación de los planetas en un signo, indica el elemento subyacente.

Aries, Leo y Sagitario son signos de fuego. Géminis, Libra y Acuario pertenecen al reino del aire. Por su parte, Capricornio, Tauro y Virgo tienen una naturaleza de tierra. Por último, Cáncer, Escorpio y Piscis son de agua.

Tal y como ocurre en la naturaleza, la relación entre algunos de estos elementos puede ser compatible o incompatible. De este mismo hecho se deriva que los signos mantengan o no vínculos armoniosos.

El agua y el fuego inmediatamente al contacto el uno con el otro, empiezan a combatirse. El agua puede apagar al fuego y el fuego hacer que el agua se evapore. Algunos cónyuges experimentan este fenómeno sin saberlo, pero cuando se dan cuenta de ello, pueden controlar su energía y combinarla de manera apropiada, produciendo una reconfortante "agua caliente".

En cambio, la tierra y el agua se compenetran y apoyan entre sí, haciendo posible que las semillas germinen y den frutos.

Para efectuar un análisis de compatibilidad mediante los elementos astrológicos, es necesario determinar con base en la carta natal de cada uno de los miembros de la pareja cuál es el elemento astrológico prevaleciente en ellos mediante un sencillo procedimiento que se explica en el capítulo respectivo de este texto.

Hoy en día es completamente fácil obtener la carta natal por medio de diversos sitios de internet. En caso de ser necesario, el lector sólo tiene que solicitarla sin costo, a la dirección electrónica del autor: jbarcenan@yahoo.com.mx

El método que se describe, nos permite concluir cuál de los cuatro elementos está mayormente presente en la personalidad de un sujeto y así podemos decir que una persona es preponderantemente de fuego, de agua, de aire o de tierra.

En algunos casos, sucede que uno de los elementos está exageradamente expresado y los demás aparecen disminuidos. Puede darse el caso de que alguno de los elementos no aparezca en la conducta de una persona. La falta de expresividad emocional, por ejemplo, puede estar cimentada en el hecho de que la persona carece completamente de agua.

La combinación particular de cada individuo se expresa mediante su personalidad y comportamiento. Cuando dos elementos poseen una presencia idéntica, podemos hablar de subpersonalidades que se expresan de modo indistinto.

La vinculación entre dos personas es el resultado de la interacción entre sus peculiares combinaciones de elementos.

Al aplicar los criterios de compatibilidad de los elementos, podemos identificar los puntos de afinidad o de dificultad, lo que nos ayuda a concluir, sin gran complicación, cuál es la dinámica y posible desenlace de la relación.

Es sorprendente lo que puede obtenerse sobre el comportamiento real de la pareja gracias a la aplicación de este instrumento. Existen otras herramientas astrológicas que pueden aportar información más completa y precisa, pero reportan mayor grado de complejidad en su elaboración. En cambio, este método no requiere consultar a un experto, pues con las bases que proporcionamos en el apartado correspondiente, cualquier persona sin gran conocimiento de astrología puede beneficiarse de su aplicación.

La **carta astrológica levantada para el momento en que dos personas formalizan la decisión de compartir su vida** nos muestra aquello que ha de caracterizar a la pareja que surge en ese instante. Es una carta independiente de las cartas individuales de los contrayentes ya que en ella no aparecen datos más personales. Se trata del nacimiento del nuevo ente que aparece en el momento en que la relación se formaliza.

Esta carta nos habla del carácter o estilo de relación, misión, incidentes principales, oportunidades, conflictos potenciales y probabilidad de permanencia de la pareja que emerge en ese momento. En la práctica profesional, ha probado ser un instrumento muy útil para describir y pronosticar las características más relevantes del vínculo que se ha generado.

La interpretación de esta carta es, en cierta forma, igual que la que se elabora para una persona cuando nace, pues en el momento en que se formaliza el compromiso, como en cualquier otro instante, hay una determinada configuración celeste. Los datos requeridos son los mismos: fecha, hora exacta y lugar donde se celebra la ceremonia.

El signo donde se ubica el Sol identifica las características vitales de un sujeto, su forma profunda de ser, sus aspiraciones centrales, aquello que es potencialmente y en lo que está llamado a convertirse como consecuencia de su desarrollo. Bajo la figura de que ya no son dos, sino uno, tratándose de la pareja, nos habla del estilo de relación que habrá de prevalecer.

Por ejemplo, una boda con el Sol en Acuario: si el Sol está bien aspectado, es decir, si mantiene contactos armoniosos con los demás planetas, podría estar indicándonos que la pareja va a ser creativa, inspirada en ideales humanitarios, en la que prevalezcan valores como la igualdad, la amistad y la libertad. Se trata de una pareja no ordinaria, cuya conducta cotidiana la hará mostrarse distinta a aquellas otras que viven en su entorno inmediato. Estará abierta a las ideas de avanzada, por lo que no podríamos esperar que formen un hogar habitual y conservador.

Si, por el contrario, el Sol tuviera aspectos inarmónicos, podríamos decir que la pareja tendrá dificultad para establecer vínculos sólidos y permanentes y estará continuamente inconforme con lo que posee, actuando con rebeldía y excentricidad.

Igual que en el caso individual, no bastará con interpretar sólo el signo solar, habrá que analizar todos los componentes de la carta, mismos que podrían apoyar o complicar los señalamientos hechos inicialmente.

Es conveniente analizar esta carta en conjunto con las de los miembros de la díada, lo cual da pie a una visión más completa. De igual modo, se puede complementar observando los tránsitos que ocurren para cada uno de los sujetos el día de la boda. Esto proporciona información adicional acerca de cuál es la influencia que el acontecimiento produce en la vida de cada contrayente.

La **sinastría** es el método más completo para apoyar a las parejas. Consiste en analizar los puntos de contacto entre las cartas natales de dos personas. Permite identificar los factores de atracción, complementación, armonía, contraste y conflicto entre ellos.

Como hemos señalado, nuestra vinculación con determinadas personas obedece a la ley de la correspondencia y ocurre debido a la necesidad de adquirir ciertos aprendizajes para avanzar en nuestra evolución. Por esta razón, debemos decir que no hay vinculación ociosa o perniciosa. Incluso las relaciones más conflictivas y dolorosas entrañan un propósito constructivo y benéfico para nuestro desarrollo.

Para hacer un trabajo bien sustentado, es muy recomendable interpretar primero las cartas natales personales de cada uno con el fin de entender a profundidad lo que sucede cuando éstas interactúan. Es conveniente llevar a cabo la presentación de los resultados de la interpretación con cada uno por separado, aun cuando ellos pudieran solicitar estar presentes.

Hacerlo por separado permite penetrar con mayor profundidad en asuntos que son de incumbencia particular. Un tema relevante es confrontar las motivaciones subyacentes, de manera que el sujeto se dé cuenta de qué es lo que en realidad espera y está dispuesto a dar.

La comprensión previa de las características y necesidades individuales hace posible entender cuál es el motivo por el que estas personas comparten o quieren compartir su vida. Cuando se han tenido sesiones individuales, la interpretación de la sinastría resulta más efectiva.

En ocasiones, una de las partes solicita este servicio sin conocimiento y, en consecuencia, sin consentimiento de la otra. Más que la búsqueda del conocimiento mutuo y de profundizar en la comunicación, se trata de una medida exploratoria y preventiva; en este caso, no se considera ético hurgar en la carta individual del ausente.

Desde la perspectiva de la astrología para el desarrollo, la función principal de la sinastría no es tanto decirnos si seremos felices con tal o cual persona, sino señalarnos para qué nos hemos relacionado con ella, en términos de los aprendizajes que debemos derivar de esa relación. No es que no aspiremos a vincularnos de manera armoniosa, sino que, para darle verdadera solidez a la relación, necesitamos atender los aspectos de fondo de nuestro crecimiento personal.

La sinastría nos facilita identificar los factores que promueven la unión de la pareja, como puede ser la afinidad de intereses, la atracción física o el afecto, así como aquellos otros que operan en sentido opuesto y habrán de ser motivo de distanciamiento o de controversia y conflicto.

El beneficio sustancial que aporta la sinastría se alcanza si los participantes logran conocerse mejor, tanto a sí mismos como a su pareja; si llegan a comprender los motivos trascendentes que los llevaron a unirse y, sobre todo, si identifican cómo pueden aprovechar las fortalezas y debilidades tanto de cada uno, como las que produce el hecho de que estén juntos.

Existen programas de cómputo que pueden hacer este trabajo, pero nos basta con tener a la mano las cartas natales de dos personas y empalmarlas a contraluz, haciéndolas coincidir a partir del punto 0° de Aries, para apreciar si sus vidas están vinculadas de manera especial. Al contrastar las cartas, podemos conocer y evaluar los aspectos que se forman entre los planetas de una y de otra. Éste es el fundamento de toda sinastría.

Vivir con plenitud la relación de pareja no significa compartir sólo las mieles y las alegrías. Enfrentar y resolver las diversas situaciones que se presentan, por más difíciles que sean, trae como resultado una pareja más sólida y gratificada. La felicidad no radica en que no haya problemas, pues éstos están presentes en toda actividad humana, sino en saber resolverlos y aprovecharlos para conseguir niveles crecientes de bienestar y satisfacción que, finalmente, se traducen en lograr nuestro paulatino desarrollo y cumplimiento del destino personal.

Asimismo, podemos tratar el vínculo de pareja desde la perspectiva de las **relaciones kármicas**.

La mayor parte de nuestros vínculos significativos tienen que ver con un pasado en el que no completamos algo. De vidas previas, podemos traer heridas que no han sanado, amores que no han concluido, conflictos que están latentes, proyectos que deben proseguir.

En cierto sentido, todas nuestras relaciones son kármicas, ya que nos vinculamos con la gente en función de nuestro pasado inconcluso y de las tareas presentes. Sin embargo, no nos referimos aquí a este tipo de vinculación general que tiene que ver con los contenidos de aprendizaje, sino a la reiteración de contactos con individuos específicos.

En esta vida, volvemos a encontrarnos con personas con quienes ya hemos estado relacionados en el pasado. Algo ha quedado pendiente y ahora tenemos la oportunidad y la obligación de resolverlo. Así se explican muchos encuentros, en especial aquellos que se producen con gran espontaneidad y que generan relaciones intensas.

Tales lazos son identificados como relaciones kármicas y, aunque pueden derivarse de situaciones altruistas y benévolas, usualmente implican situaciones incómodas y difíciles, como venganzas, celos excesivos, violencia, etc. Reencontrarnos siempre tiene un propósito positivo porque, al conducirnos de manera adecuada, nos liberamos de deudas acumuladas. Desde luego, nuestros vínculos del pasado no necesariamente nos refieren relaciones maritales. Hallamos lazos parentales, fraternos o de amistad, aunque ahora pudieran adquirir esta forma. No deberíamos esperar que hayan sido radiantes y armoniosas, pues a menudo observamos que se trata de antagonismos y discordias colosales.

Las relaciones kármicas son identificables más allá de los factores astrológicos por el hecho de que los involucrados experimentan una extraña falta de control. Se trata de atracciones o repulsiones irresistibles, de coincidencias que ocurren fuera de un parámetro ordinario. Quienes nos consultan sobre el particular, por lo general han tenido este tipo de experiencias, aunque no falta quien aspire a reencontrarse con su alma gemela.

Las relaciones kármicas, tienen la función de generar un aprendizaje específico y, a medida que este se adquiere, observamos que el vínculo arrollador se desvanece y los sujetos involucrados sienten una sensación de liberación y nueva disponibilidad.

Las conexiones derivadas del pasado pueden rastrearse gracias a la sinastría. Con este instrumento podemos detectar si hay una vinculación significativa entre ambos en términos de apoyo u obstaculización y, más específicamente, sobre el cumplimiento de las respectivas tareas de vida.

Los aspectos armoniosos que se forman entre los planetas de una persona y el Sol de la otra, y, los discordantes que se forman con su Luna, llegan a significar apoyos. En sentido contrario, los aspectos disonantes con el Sol y los armónicos con la Luna, nos hacen pensar en obstaculización. Dichos factores nos permiten suponer que la relación entre esas personas se remonta a encarnaciones previas y que tienen la necesidad de permanecer juntas debido a que algunos asuntos quedaron inconclusos.

Los aspectos entre los planetas de una carta hacia los nodos lunares de otra, nos hablan de las conexiones tanto del pasado, como del presente-futuro, ya que si, por ejemplo, tenemos un planeta formando un trígono hacia un nodo de la otra persona, ese mismo planeta forma un sextil hacia el otro nodo. Igual situación se presenta con los demás aspectos hacia los nodos. Si se tiene una conjunción hacia uno de los nodos, hay una oposición hacia el nodo contrario. Si existe una cuadratura hacia ellos, tal aspecto está presente en ambos lados. En nuestro trabajo cotidiano sólo consideramos estos aspectos.

Cuando algún planeta de una persona está en conjunción con el nodo sur de otra, es muy probable que se sientan muy cercanos y hayan compartido su pasado. El significado de ese planeta indica el tipo de asuntos que quedaron pendientes.

Un ejemplo es la conjunción de Venus en una carta con el nodo sur de la otra. Ello nos remite a relaciones afectivas inconclusas. Tomando en consideración que este planeta también está en oposición hacia el nodo norte, se podría pensar que este hecho no va a ser provechoso, a menos que se rompan las obstrucciones del pasado para liberarse y quedar en condiciones de atender la etapa presente.

Una situación distinta sería que Venus hiciera sextil o trígono hacia uno de los nodos, puesto que en el otro se presentaría también uno de estos aspectos, ya que ambos son armoniosos.

El Sol de uno sobre el nodo norte del otro, nos habla del estímulo gratificante que este último recibirá para el cumplimiento de su misión de vida. En cambio, si es Saturno el planeta que forma la conjunción, la relación podría tener un matiz disciplinario y restrictivo, aunque también de apoyo para realizar la tarea indicada por el Sol.

A veces nos sorprende ver el entusiasmo con el que se relacionan dos individuos cuyas cartas presentan una vinculación de cuadratura entre sus ejes nodales. Parecería que se han atraído para obstaculizarse y uno pudiera preguntarse para qué están juntos si la dinámica entre ellos será de jalones y estirones.

Si no entendemos la filosofía del desarrollo humano, seguramente recomendaríamos al consultante que se quite de encima una pareja así, pero sabemos que tal vinculación posee un sentido y habrá que descubrirlo, pues hasta que los participantes lo asuman y lo resuelvan se mantendrán atorados en una relación conflictiva, ya sea con ésta o con otra pareja. Una vez que esto se logra, ambos salen fortalecidos con los aprendizajes de la solución del problema y quedan en condiciones de seguir adelante en el manejo de su destino.

Compatibilidad de la pareja en función del signo solar

Existe gran curiosidad por conocer la compatibilidad entre los signos zodiacales. Con frecuencia, encontramos que diversas personas que nacieron bajo un mismo signo no guardan gran parecido entre sí. Ya hemos dejado en claro que esto se debe a que un individuo es mucho más que su signo solar.

Sin embargo, el signo en el que se ubicaba el Sol al momento de su nacimiento es el principal indicador astrológico. Representa aquello en lo que tiene uno que convertirse a lo largo de su vida, de tal forma que se podría decir que un individuo ha cumplido con la tarea básica de su existencia en la medida en que su personalidad y comportamiento denoten las características positivas de dicho signo.

En realidad, cuando se habla de la compatibilidad entre los signos, no se alude a las personas reales que los ostentan, sino a la relación abstracta entre las energías que cada uno de los signos representa.

Veamos algunos ejemplos. Los signos de fuego se caracterizan por su impulsividad y falta de tolerancia; sin embargo, si las personas que los poseen como signos solares portan consigo una dosis significativa de tierra, este hecho los vuelve más sosegados e indulgentes. Por su parte, los signos de agua son emocionalmente expresivos; si los nativos de estos signos solares tienen, además, energías de aire, podrían manifestarse más reflexivos e impasibles.

Hechas estas consideraciones, describamos aquello que es característico de cada uno de los signos y, posteriormente, nos ocuparemos de la forma en que interactúan con los demás. Las descripciones formuladas tienen un sentido abstracto y sólo son características de aquellos individuos muy representativos de las cualidades de un signo.

El primer signo del zodiaco es **Aries.** Se caracteriza por una continua e impetuosa actividad, orientada a afirmar su identidad. Con impaciencia, emprende proyectos sin esperar a ver los resultados. Enfrenta desafíos y gusta de aventuras. Su conducta es directa, dinámica y demuestra una gran confianza. Vive en el presente. Actúa sin premeditación y con rapidez. Lleva adelante sus impulsos, combatiendo contra todo obstáculo. Todo medio le parece eficaz con tal de alcanzar sus objetivos sin rodeos.

Suelen ser individuos competitivos, agresivos y poco dispuestos a asumir compromisos y a comportarse con diplomacia. No guardan rencores. Olvidan con rapidez los fracasos y los desengaños, mientras se recuperan y lo intentan de nuevo. Impulsan a los demás para que se hagan valer.

En sus relaciones afectivas, actúan presurosos, pero luego el romance pierde su color de rosa y desaparece el interés en permanecer. Quien se acerca demasiado a ellos o se les enfrenta, puede salir lastimado.

Tauro representa la conservación de los logros del pasado. Actúa con paciente estabilidad, procurando conservar todo sin cambios. Su seguridad se basa en las posesiones materiales.

Ama la belleza. Su apetito por las cosas agradables y cómodas puede llevarlo a la autocomplacencia y a la pereza, cayendo fácilmente en la rutina. Tiene gran sentido práctico. Sólo ve lo que tiene enfrente, ignorando lo que no cuadre con su visión, generalmente estrecha. Es apegado a las formas de actuar adquiridas en la infancia, por lo que tiende a ser tradicionalista. Es fiel hacia su comunidad, su familia y país. Evita actuar bajo su propia responsabilidad, por lo que mantiene una actitud de dependencia y procura contar con una autoridad protectora. Está en permanente contacto con su cuerpo y sus sentidos, por lo que disfruta de los placeres de la comida, del sueño, del sexo y de las comodidades. Es sensual y físicamente expresivo. Posee el sentido del tacto desarrollado. Le agradan los masajes en la espalda.

Crea fuertes y estrechos vínculos con su pareja y su hogar; una vez que echa raíces, es difícil que se mueva.

Géminis posee una adaptable versatilidad. Es extremadamente racional. Le gusta analizar, clasificar y relacionar unas cosas con otras para encontrarles sentido. Es agudo observador. Siente placer al enfrentarse a problemas.

Necesita hacer su vida sin presiones ni responsabilidades. No quiere someterse a horarios ni restricciones. Es sociable, ingenioso y divertido. Lo que dice siempre está sujeto a diversas interpretaciones. Se aburre con facilidad. Le gusta estar en movimiento y en contacto con lo que ocurre, por lo que es lector asiduo.

Podría decirse que en él residen dos sujetos controvertidos para quienes no hay caminos en línea recta, sino veredas sinuosas y contradictorias. Profesa la duda y la búsqueda sistemática. Vive la vida en fragmentos. Empieza muchas cosas y no concluye ninguna. Un día puede estar a favor de una idea y al siguiente atacarla y defender la opuesta, lo cual lo hace ver como una persona veleidosa y falta de carácter.

En sus relaciones, muestra cierto parecido con Peter Pan, quien se resistía a crecer y a madurar, por lo que le disgusta comprometerse. Es difícil retenerlo; vuela como mariposa, de flor en flor.

Cáncer trae consigo una condición natural de vulnerabilidad. Se siente expuesto, indefenso y desamparado. La protección que necesita la obtiene, en primer término, de su madre, por lo que se adhiere a ella y su influencia permanece a lo largo de su vida.

Desde temprano, desarrolla agudeza para captar las emociones de los demás, lo que le permite aprovechar las corrientes de simpatía y desechar las que le son hostiles.

Actúa en forma nutricia y afectuosa, pero su humor fluctúa como las mareas y la calidez puede transformarse con facilidad en mal genio y desinterés. Para bien o para mal, difícilmente olvida y atesora tanto afectos como rencores.

Los asuntos que le atañen, los atiende como dando rodeos. Si se siente amenazado, huye a un lugar seguro que casi siempre se ubica en el mundo de la fantasía y reaparece cuando el peligro ha cesado.

Procura conquistar a las personas y se adapta a ellas gracias a un proceso mimético. Sin embargo es posesivo y clava sus pinzas en las debilidades emocionales de los demás, a quienes llega a imponer la obligación de soportar sus padecimientos y alegrías.

Leo pone de manifiesto y comparte el esplendor de la creación y la alegría de vivir, por lo que evita las tristezas y los dolores propios y ajenos. Llega a alcanzar un buen grado de conciencia de sí mismo, por lo que se dedica a labrar su propio destino con un fuerte deseo de gloria personal.

Se consigue poco de él si se apela a sus sentimientos, pero, en cambio, se logra mucho si se le halaga. No le gusta quedar en ridículo, pero puede pasarlo por alto con buen humor. Cultiva su independencia respecto al mundo circundante.

Se abraza a un ideal, que procura llevar como estandarte en todos sus empeños. Posee un fuerte deseo para crear, ya sea biológica, artística o intelectualmente. Procura generar un efecto sobre los demás. Se rodea de personas que le sirvan para resaltar sus cualidades y no tarda en ejercer sobre ellos conducción y mando. Ante él, uno siempre sabe dónde está parado.

Por lo común, es cálido, leal, generoso y optimista, aunque puede convertirse en un tirano lleno de arrogancia y desenfreno. Gusta de aconsejar a los demás, impulsándolos hacia su propia autorrealización.

El quehacer fundamental de **Virgo** es lograr la perfección propia y de los demás. Se mantiene vigilante de todo detalle para marcar cualquier error. Es escrupuloso y para todo requiere de fundamentación y método. La previsión y la prudencia le son características.

La necesidad de ser impecable lo lleva a tardarse en llevar a cabo sus tareas y a sentirse frustrado cuando salen a luz sus imperfecciones. Por ello, suele tener un concepto devaluado de sí mismo. Teme el caos y el desorden y sufre de ansiedad si las cosas no funcionan como se esperaba. Suele ser despiadado cuando juzga que alguien no se conduce como debería; entonces, su crítica es aguda y lacerante.

Siente aversión a lo superfluo, lo impuro o lo confuso, por lo que necesita diferenciar entre lo principal y lo secundario para no perderse en los detalles. Procura obtener el mejor resultado con el menor esfuerzo. Preocupado por su salud, cuida toda forma de higiene, dieta y nutrición. Su mente se niega a desconectarse de sus preocupaciones, por lo que suele padecer insomnio, indigestión y estreñimiento.

Por su condición crítica y perfeccionista, le es difícil hallar una pareja que sea suficientemente aceptable y, como procura ser autosuficiente, a menudo se le ve solitario.

Libra es el signo de la solidaridad, la elegancia y la diplomacia. En su mundo ideal todo sería paz, amor, belleza, justicia y armonía. Tiene un sentido estético desarrollado, por lo que es amigo de la cultura, del arte y del refinamiento. Es atraído por las cosas y las personas de bella apariencia.

Le gusta comportarse de manera civilizada y encuentra ofensivas a las personas que no se conducen con buenas maneras y bajo los criterios socialmente aceptados. Le gusta mostrarse razonable por lo que toma en consideración los puntos de vista de los demás. Como necesita agradar, le dice a los demás lo que quieren escuchar y reprime su enojo, pero cuando éste aflora, se expresa con crudeza.

Es frecuente verlo paralizado para decidir, ya que debe ponderar las diversas alternativas y mientras, no se mueve a ninguna parte. Reflexiona largamente y luego hace las cosas en forma diferente o deja la decisión en manos de otros.

Sus instrumentos de operación son el pensamiento y la palabra, por lo que no actúa propiamente sobre la realidad externa, sino que la idealiza mediante una concepción teórica.

Escorpio se identifica por su pasional intensidad y una gran determinación en sus acciones. Posee una extraña capacidad para percibir de manera intuitiva las motivaciones ocultas en el comportamiento de la gente. Por lo regular, sus emociones son difíciles de transmitir con palabras y permanecen en silencio, pero si sus impulsos no se expresan, más tarde irrumpen en forma violenta como resentimiento, sarcasmo, celos, violencia y venganza. Cuando se siente amenazado, es capaz de dar golpes bajos y, antes de someterse, se autodestruye.

Por lo general, se le considera obsesionado por el sexo, pero también posee un sentido místico profundo, siendo capaz de reconciliar la sexualidad con la vida espiritual. Llega a poseer cualidades extraordinarias de curación y de mediumnidad. Muestra una fuerte necesidad de apropiarse de la energía psíquica de los demás y en ocasiones se la proporciona a quienes se las ha quitado.

Así, lo encontramos rodeado de personas que acuden felices para otorgarle su alimento psíquico y se colocan debajo de él, en una relación de dependencia y manipulación.

Sagitario se caracteriza por la expresión alegre e incluso exagerada de ideas y proyectos, lanzados al aire como flechas que no parecen estar dirigidas a un blanco determinado, sino como una mera manifestación de optimismo y buenos deseos.

Posee una mente progresista y abierta, deseosa de elevarse por encima de los instintos y de descubrir el sentido trascendental de la vida. Muestra un fuerte sentido ético y religioso, deseoso de dar cumplimiento a la voluntad divina que, en ocasiones, lo lleva a enjuiciar con fanatismo los defectos y errores ajenos.

Cuando sus contundentes prédicas hallan oposición, se transforma fácilmente en antagonista. Como acostumbra ser muy directo, las discusiones se tornan encendidas e hirientes. La exaltación y la molestia se le pasan rápido, pero puede dejar lastimados a sus oponentes.

Lucha por causas nobles y altruistas. Se conduce con sinceridad y lealtad, por lo que se gana fácilmente la confianza. Le encanta la aventura, es afecto a los viajes, a explorar otras culturas, a aprender lenguas y a relacionarse con desconocidos.

La conducta de **Capricornio** está orientada por una gran ambición práctica y un alto sentido del deber y la disciplina. Para lograr sus propósitos, realiza infatigable cualquier esfuerzo y supera toda clase de obstáculos dando rodeos.

Su ambición se mide por el rendimiento, lo útil y lo productivo, sin que se ocupe de consideraciones morales. El único remordimiento que puede tener en la vida sólo puede ser provocado si no alcanza los objetivos que se propone.

Le es imposible tomar la vida a la ligera y sobre sus hombros pesa una dura carga de responsabilidad. No es dado a filosofar. Su comportamiento se basa en lo tradicional y en lo que ha demostrado su eficacia.

Aprende temprano que si se sujeta a las reglas y hace bien su trabajo, tendrá su recompensa. Sus proyectos son a largo plazo y los inicia en forma independiente, pues no le gusta deberle a nadie sus logros.

Destina poco tiempo para divertirse, aunque tiene un lado juguetón que expresa como sarcasmo. No se deja influir por los caprichos o las emociones. Es capaz de ocultar sus sentimientos, por lo que se muestra frío y sin compasión. Su vida está inspirada en una grave seriedad, por lo que ordinariamente lo invade la depresión.

Acuario es como una escoba que barre las formas tradicionales de pensar. Se caracteriza por su originalidad y autonomía. Trae consigo la fuerza del conocimiento creador gracias al cual se abre paso el progreso y el desarrollo.

Su vida transcurre casi de modo exclusivo en el reino mental, por lo que sus creaciones permanecen en estado potencial. En su visión del mundo, todo se haya en equilibrio, pero éste se desmorona al ser contrastado con las condiciones materiales imperantes.

Proyecta el ideal de una comunidad humana en la que prevalece la libertad, la igualdad y la fraternidad; sin embargo, está convencido de que no pertenece a la masa, sino que es una especie de elegido espiritual para transmitir una filosofía superior. No rinde reverencia a autoridad o imagen alguna porque quiere preservar a toda costa su independencia mental.

Ama a las personas, pero tiene dificultades para relacionarse y le resulta inadmisible adquirir compromisos que pongan en peligro su independencia. Tener sentimientos es algo que no le agrada, por lo que trata de evitarlos.

Piscis está inspirado en una abnegada comprensión. Practica la compasión, el autosacrificio, el perdón y la humildad. La gente se siente redimida a su lado, ya que es capaz de perdonarlo todo y compartir compasivamente la tristeza y la desesperanza.

Una parte de su carácter siempre está oculta. Es reservado y retraido, pues requiere cultivar sus sueños y sentimientos en la soledad de su mundo interior.

Cree que el amor lo soluciona todo, al grado de llega a sacrificar sus propias necesidades y a compartir todo lo que tiene. Su constante aspiración a algo más elevado es, prácticamente, imposible de lograr en el mundo real, por lo que sufre decepciones y desengaños.

Le resulta difícil dar a su vida una dirección, por lo que en ocasiones su sensibilidad a las vibraciones psíquicas circundantes lo conduce a mimetizarse y a adoptar funciones y situaciones ajenas, dejando de luchar por sus propios proyectos.

En consecuencia, la vida de Piscis tiene dos alternativas: sumirse en el sufrimiento, la victimización, la adicción y la enfermedad, o bien, utilizar su comprensión intuitiva de la vida psíquica para superar sus carencias y redimir a los demás, brindándoles su sabiduría y misericordia.

Veamos ahora como es la interacción entre los signos.

Aries/Aries. El encuentro entre dos arianos produce una espontánea empatía y mutua admiración; de inmediato se sienten irresistiblemente atraídos y surge entre ellos una gran pasión. En su prisa, no se dan cuenta de que su interés primordial es conquistar más que cultivar un amor. Son los amantes perfectos hasta que empieza el debate para ver quién domina. La excitación se esfuma tan rápido como vino.

Aires/Tauro. El primero se caracteriza por la vitalidad, acción incesante, aventura y pasar rápidamente de un asunto a otro. El segundo, por la estabilidad, tenacidad, sentido práctico y apego a lo tradicional. El contraste de sus características podría producir inicialmente una súbita atracción, pero ese mismo hecho complicaría su convivencia. La posesividad, obstinación y celos de Tauro contrastan con la necesidad de libertad y continuo movimiento de Aries.

Aires/Géminis. Ambos son dinámicos, movedizos e inconstantes. El primero se enciende súbitamente de pasión; el segundo vive en el acomodo continuo de sus pensamientos. Podrían coincidir por un periodo corto y vivir una experiencia intensa, pero luego seguir cada uno su camino en su propio mundo, a menos que descubran alguna actividad en la que se puedan combinar la creatividad, la acción y la aventura; entonces, compartirán una condición excitante, en la que lo único seguro es que no habrá monotonía.

Aires/Cáncer. Su interacción es de contraposición. Son fuego y agua, y tienden de inmediato a combatirse. Aries vive hacia fuera, vertido en la actividad y la algarabía, y Cáncer, volcado en la emocionalidad que le consume internamente. Con dificultad, Aires se detendrá comprensivo ante los cambios de humor cancerianos y Cáncer no acompañará a Aries en sus continuas correrías. Cáncer necesita un hogar, en tanto que Aries podría pasar largo tiempo sin el calor de una familia.

Aires/Leo. Se quedarán prendados el uno del otro fácilmente y se volcarán en una pasión envolvente y excitante. Ambos rinden tributo al carácter independiente, a la autosuficiencia y la autodeterminación. Podrían ir ruidosamente por ahí, entretenidos e impetuosos, impresionando al mundo con su vitalidad y evidenciando su gusto por vivir con intensidad. Su permanencia dependerá de que sean capaces de compaginar sus mutuas ansias de mando y dominio.

Aries/Virgo. Estos signos son antitéticos en varios aspectos. Uno quiere la acción desenfrenada, sin tener que ajustarse a cartabones ni ataduras; el otro, vive meticulosamente para propiciar el orden y la perfección. El primero asume, como condición natural, su autoafirmación y valía; el segundo, está acosado por su autocrítica y la baja autoestima consecuente. Uno se conduce con disipación e impulsividad manifiesta; el otro, con prudencia y recato continuos.

Aries/Libra. Sus ingredientes les permiten complementarse, a condición de que combinen de manera armoniosa sus contradicciones. Aries puede brindarle a Libra el impulso que requiere para decidirse y, a la vez, apoyarse en la reflexividad de éste. Libra puede aportar el comportamiento diplomático para que Aires no riña con la gente y, al mismo tiempo, obtener la acometividad para actuar con determinación en sus incursiones sociales.

Aries/Escorpio. La intensidad es el común denominador. En principio, son divergentes por portar fuego y agua, pero tienen mucho que compartir. Aries, ávido de conquistas, fácilmente cae en la seducción escorpiana; los encuentros apasionados y delirantes están a la puerta. Los inconvenientes surgen en la convivencia. Aries es directo y Escorpio actúa en forma encubierta. Su fuerte carácter los enfrenta. Aires olvida los agravios, pero Escorpio los conserva. Cualquier galanteo ariano provoca celos y venganza.

Aries/Sagitario. Tienen un carácter alegre, espontáneo, optimista y deseoso de aventura. Son capaces de acompañarse armoniosa e indefinidamente, a condición de que respeten su mutua necesidad de libertad y de que su ímpetu natural se oriente a compartir proyectos expansivos, como viajar, acrecentar su acervo cultural o apoyar causas filantrópicas. El sentido filosófico-religioso sagitariano aporta una sensación de trascendencia que robustece la idiosincrasia ariana.

Aries/Capricornio. El primero es amigo de la espontaneidad, el entusiasmo, la siembra desinteresada, el derroche, la apertura a lo nuevo. Los intereses del segundo son enteramente diferentes: la acción sopesada y metódica, el apego a lo tradicional, la austeridad, el trabajo productivo, la ambición por acrecentar sus bienes. Se atraen por sus diferencias, pero conviven con dificultad, a menos que efectúen un esfuerzo extraordinario para integrar sus contrastes.

Aries/Acuario. Ambos son individualistas, desapegados, les gusta sentirse libres. La amistad surge espontáneamente y juntos emprenden correrías que los hacen sentir de las mil maravillas. El problema aparece cuando la relación empieza a tener tintes sentimentales, pues Aries se enciende rápidamente y Acuario le parece frío y racional. Acuario acusa a Aries de conducirse en forma irreflexiva y egoísta sin ocuparse del bienestar de los demás.

Aries/Piscis. Piscis se caracteriza por su disposición paciente, aceptante, sensible, complaciente e inofensiva. En contraste, Aries es intrusivo, impaciente, brusco, intolerante y ruidoso. Viven en mundos distintos. La autoconfianza ostentada por el ariano es admirable, aunque amenazante para Piscis. Encontrarse con la quietud y el sosiego pisciano, confronta, pero subyuga al ariano. El escenario está puesto para encontrarse y explorarse mutuamente; sin embargo, la permanencia es casi improbable.

Tauro/Tauro. Estables, afectuosos, leales, apegados, dóciles, conservadores y rutinarios. Ambos procurarán resguardar su familia, sus bienes, sus costumbres, su relación. Están hechos el uno para el otro. Se les podrá ver juntos, aunque pasen los años; no obstante, su indisposición para el cambio puede hacer que su vida se torne rutinaria e insípida. Asimismo, cuando su fijeza se vuelve necedad, los fuertes encontronazos no se hacen esperar.

Tauro/Géminis. Su concepción de la vida es muy diferente. Tauro representa lo sólido, lo seguro, lo concreto; es callado, práctico, apegado, posesivo. Por su parte, Géminis es inestable, imprevisible, intangible, conversador, teorizante, desprendido, escurridizo, dual. Tarde o temprano uno acusa al otro de que se la pasa hablando sin concretar y que elude sus responsabilidades. En sentido opuesto, el otro le dice que es un utilitarista y terco incorregible.

Tauro/Cáncer. Comparten su necesidad de seguridad y estabilidad, su apego al hogar y a la familia y su actitud afectuosa y receptiva. Uno aporta la sensualidad y la expresividad corporal y el otro la sensibilidad y la nutricia emotividad, lo que da pie a una relación gratificante y llena de afecto. Gozarán de recibir a su vasta parentela y amistades en casa. Con todo, deberán enfrentar la pasividad, la dependencia y la autocomplacencia que también les son característicos.

Tauro/Leo. A estos signos los identifica el ser obstinados; el primero no quiere moverse de su posición inicial y el otro desea imponer su voluntad a como dé lugar. Tauro es modesto, callado, objetivo, apegado y dependiente. Leo, orgulloso, vertido hacia fuera, idealista, con iniciativa y avasallador. Su perfil es contrastante y, a no ser que Tauro se resigne fácilmente a representar un papel secundario y a vivir a la sombra, las posibilidades de permanencia y gratificación se aprecian escasas.

Tauro/Virgo. Entre ellos existe una afinidad natural por ser signos de tierra, aunque deberán superar algunos detalles. Están orientados hacia la realidad material. Son modestos, predecibles, rutinarios, cautelosos y productivos. Tauro deberá sobrevivir a las continuas críticas de Virgo cuando no se conduce "correctamente", pero en contraparte recibirá la asistencia y procuración a sus necesidades. Virgo habrá de soportar las necedades de Tauro, pero tendrá el ambiente ordenado que requiere.

Tauro/Libra. Están regidos por Venus, el planeta del amor y la armonización. Aprecian la belleza, el arte, la cultura, las buenas maneras y las comodidades, pero operan de manera distinta. Al ser de tierra, Tauro quiere hechos y Libra, de aire, busca buenas razones. Tauro no quiere cambios y Libra es adaptable y solidario. Tauro es directo y se basa en su experiencia; Libra llega tarde de tanto sopesar alternativas. El primero está focalizado en el cuerpo; el segundo, en la mente. Tauro es posesivo y Libra, más que amar a las personas, está enamorado del amor.

Tauro/Escorpio. Son signos opuestos complementarios. Es una de las combinaciones más apasionadas y profundas, pero pueden ser agobiantes y tormentosas. Si se enamoran, viven un amor volcánico; si se odian, no se dan tregua. El sexo y el dinero son prioritarios. La posesividad y los celos se hacen presentes y provocan disgustos. Tauro es directo y Escorpio se maneja encubierto. Ambos parecen necesitarse y complementarse de modo que mantienen una relación de dependencia.

Tauro/Sagitario. El primero se siente atraído por el carácter sagitariano, independiente, alegre y optimista. Sagitario admira la seriedad y aplomo taurinos. Uno filosofa y lanza saetas al aire; el otro las recoge y las concretiza en hechos. Sagitario es aventurero, abierto y no quiere ataduras; Tauro necesita un marco de constancia y seguridad, es posesivo y celoso. Sagitario es altruista y confiado; Tauro desea los bienes para sí y desconfía. A pesar de todo, pueden conseguir una relación duradera.

Tauro/Capricornio. Son afines en muchos sentidos: dan certidumbre, inspiran confianza, son discretos y prácticos, están dispuestos a lograr el éxito por la vía del esfuerzo, son pacientes, aquilatan el valor del dinero y los bienes materiales. Su conducta se basa en lo que ha demostrado ser verdadero y provechoso y mantienen a raya la expresión sentimental. Tauro aporta sus maneras amables y su capacidad de apreciar la belleza y la cultura. Capricornio, la virtud de saber dar rodeos para alcanzar sus objetivos.

Tauro/Acuario. Acuario casi no se ocupa de Tauro, aunque llega a descubrir que gracias a él puede materializar sus creaciones e inventos. Tauro ve a Acuario como un ser de otro mundo: es abierto de mente, desapegado, interesado en el bienestar ajeno, imaginativo, estrafalario, rebelde. La relación puede iniciarse por la atracción de los opuestos, pero, con el tiempo, se percatan de que tienen poco para permanecer juntos.

Tauro/Piscis. El carácter estable y sólido de Tauro suele ser visto como un refugio para el voluble pisciano. La dulzura benevolente de Piscis parece un bálsamo para la resequedad emocional taurina. Mientras se compartan equilibradamente, las cosas irán de maravilla, pero si Piscis da rienda suelta a su fantasía y Tauro exige atención desmedida a los asuntos materiales, el suelo firme se convierte en arenas movedizas. Mientras tanto, podrán disfrutar de su mutua complementación.

Géminis/Géminis. Se reencuentran los gemelos, la curiosidad, la búsqueda continua, la interminable verbalización, el interés intelectivo, la falta de concretización, el carácter vacilante, la ausencia de compromiso, el arrinconamiento de las emociones, la desatención de las necesidades materiales. Se observan con la fascinación de mirarse al espejo actuando con frescura y desenfado y toman turnos para recrearse en una escena nunca aburrida, pero también hay que comer y tomar responsabilidades.

Géminis/Cáncer. Mientras el primero enfoca la vida desde sus pensamientos, el segundo lo hace desde sus sentimientos; es la razón frente al corazón. Escasamente tienen un lenguaje común, pero pueden aprenderlo en la medida en que uno fuese paciente y el otro dejara de ser susceptible. En la primera etapa, puede motivarlos el reto, pero lo más probable es que en corto tiempo dejen de intentarlo. Géminis no podrá explicarse los cambios de humor cancerianos y Cáncer se sentirá sin compañía emocional.

Géminis/Leo. Es el encuentro entre dos signos expansivos, tolerante el primero e intolerante el segundo. El primero movido por una incesante actividad mental que retuerce los caminos de la verdad y el segundo por la fuerza de la inspiración que jalonea voluntariosa. Podrán acompañarse a reuniones sociales y se les verá divertidos, pero en su espacio de intimidad poco tienen que compartir. Géminis no dejará sujetar su mente al arbitrio de Leo y éste no se interesará por la contradictoria y trivial argumentación geminiana.

Géminis/Virgo. Estos dos signos expresan la energía de Mercurio. Uno generando ideas y el otro analizando los hechos; uno vacilante y desordenado y el otro eficiente y organizado. Ambos alejados del mundo emocional. Géminis gusta de las conversaciones divertidas, ingeniosas e, incluso, intrascendentes. Virgo, de las cavilaciones serias y puntillosas buscando los errores y las imperfecciones. El primero, natural, desparpajado y victorioso; el otro metódico, prudente y desvalorizando ante su pretendida imperfección.

Géminis/Libra. Siendo ambos signos de aire, hay un entendimiento amplio de base entre ellos. Conversarán largamente sobre una diversidad de temas y, como Libra practica la diplomacia, soportará con prestancia y buen humor los requiebros gemineanos. Su presencia en sociedad será destacable. Géminis aportará alternativas para incrementar las posibilidades libranas y le ayudará a reflexionar sobre ellas; sin embargo, ¿quién se encargará de atender los asuntos materiales para su común subsistencia?

Géminis/Escorpio. Prácticamente nada en común y, en cambio, muchos puntos divergentes. Géminis se vuelca en el mundo de las ideas y no gusta de las profundidades emocionales escorpianas. Escorpio sólo quiere vivir con intensidad y se confronta con la superficialidad y locuacidad geminiana.

Géminis es extrovertido, dicharachero, se relaciona fácilmente y no quiere ver coartada su libertad. Escorpio se vierte hacia dentro, es callado, reservado y posesivo. Es poco lo que caminarán juntos.

Géminis/Sagitario. Signos opuestos complementarios. Su común expresividad expansiva, no les dará lugar para el aburrimiento. Les agrada comunicarse, viajar, conocer otros territorios, hacerse notar, enfrentarse a los retos. Tienen puntos divergentes, como el hecho de que Sagitario gusta de la reflexión a profundidad y buscarle el sentido a la existencia, en tanto que Géminis se conforma con tratar los temas por encima sin ninguna pretensión de fondo.

Géminis/Capricornio. Sus estilos difieren. Géminis es ligero, despreocupado, comunicativo, aventurero, amigo del ocio. Capricornio es pesado, escrupuloso, callado, busca lo seguro, trabajador, tradicionalista. En el contraste se encuentra el atractivo, pero deberán hacer un esfuerzo considerable para ir más allá del interés de asomarse a un mundo desconocido y distante y lograr una mutua adaptación. Tal vez el aspecto más difícil para Géminis es el de la atención a las responsabilidades.

Géminis/Acuario. Comparten la inteligencia, despreocupación, el desapego y la creatividad. El punto de divergencia lo encontrarán en la forma en que cada uno de ellos enfoca dichas cualidades, pues el primero actúa con ligereza y autocomplacencia y el segundo, inspirado en intereses delicados y altruistas; tienen en común que su mundo no es el de los sentimientos. Su disposición natural a vincularse con la gente en general y su falta de compromiso en lo individual, hace poco estable su relación.

Géminis/Piscis. El carácter explorador geminiano, hace que se sienta atraído por el extraño, misterioso y compasivo mundo de Piscis, pero pronto se sentirá fracasado en su intento. Este último, es atraído por un sujeto sociable, ingenioso y divertido, mas no tarda en descubrir que en él no halla la compañía sensible, tierna y sigilosa que demanda. Un punto adicional de dificultad estriba en que ambos carecen de una dirección definida, por lo que sus intereses son muy cambiantes.

Cáncer/Cáncer. Establecen lazos de simpatía y afecto rápidamente, ya que sus estructuras son idénticas. La similitud que existe entre ellos es su riqueza, pero también un escollo a resolver. Su carácter nutricio les permite protegerse y acompañarse mutuamente, pero sus vaivenes emocionales los hacen pasar momentos complicados. Los periodos de armonía son maravillosos; no obstante, los altibajos sentimentales pueden hacerlos reñir y provocarse heridas dolorosas que llegan a convertirse en resentimientos.

Cáncer/Leo. Esta pareja reúne los atributos del Sol y de la Luna, permanentes compañeros en la bóveda celeste. Sus fortalezas y carencias los hacen atraerse, complementarse y confrontarse con fuerza. La admiración que Cáncer siente por Leo sólo es comparable con su temor a ser aniquilado por la impulsividad y dominio de éste. Leo recibe complacido la ternura acariciante, inspiradora e incondicional de Cáncer, mientras éste no se desborde fluctuante por sus extraños cambios de humor.

Cáncer/Virgo. El punto en común de estos signos es su vocación natural a vivir en su interior, sólo que el primero para regodearse en su mundo emocional y el segundo para reflexionar largamente sobre la validez de lo que observa. Cáncer es fácilmente herido por las críticas y la exigencia de que se conduzca de una determinada manera. Virgo se siente impedido de hacer su trabajo analítico si es inundado por sentimientos. Difícilmente podrán encontrar la forma de convivir y disfrutar juntos.

Cáncer/Libra. Son pocos los puntos de contacto entre estos signos. Sus mundos son distantes y la dinámica de su personalidad, oscilante. Cáncer anhela el hogar, el recato, la reserva, el pundonor, la sencillez. En tanto, Libra busca el reconocimiento social, las modas relucientes, la vitrina donde pueda ser observado, la vanagloria, el coqueteo. Cáncer fluctúa entre una emoción y otra, en tanto que Libra vacila entre ideas opuestas; ambos, en un ejercicio agobiante de equilibrio interminable.

Cáncer/Escorpio. La compenetración que estos dos signos consiguen es extraordinaria, sobre todo en el terreno íntimo y pasional. Tienen un intenso y gratificante caudal de emociones por compartir, pero deben tener cuidado pues podrían convertirlo con facilidad en algo tormentoso y agobiante, ya que su mutua susceptibilidad los hace proclives a lastimarse y a sentirse heridos. La relación suele permanecer, aunque los tiempos gloriosos hayan quedado atrás y sólo asomen el pesar y el dolor.

Cáncer/Sagitario. No hay muchos puntos de afinidad entre estos signos. El primero vive apegado a su pasado y trata de conservarlo a toda costa. El segundo está urgido de la novedad y de arribar al futuro. Cáncer procura permanecer en su hogar y convivir con su familia. Sagitario tiene un carácter independiente y viajero. La exuberancia, autosuficiencia y disposición a la acción sagitarianas chocan con la modestia, dependencia y pasividad cancerianas.

Cáncer/Capricornio. Relación atrayente, contradictoria y complementaria. Ambos son conservadores, retraídos, cautos, ahorrativos, tenaces, coleccionadores. Sin embargo, el primero es sensible, subjetivo, emocional, quejumbroso, indolente y, el segundo, severo, objetivo, materialista, impasible, laborioso. Por vocación natural, estos signos conviven largamente, admirándose de manera mutua, compartiendo sus afinidades y sobrellevando el peso de sus discrepancias.

Cáncer/Acuario. El maternal, nutricio, conservador, habitual y hogareño Cáncer no puede asimilar cómo su compañero puede prescindir de estos valores y mostrarse independiente y universal, por lo que trata de hacerlo cambiar a toda costa, lo cual resulta una misión imposible. El mundo de Acuario está integrado por ideas que rompen con lo convencional y rutinario, por lo que no pueden permanecer mucho tiempo juntos. Uno querrá quedarse en casa y el otro saldrá a convivir con sus amigos.

Cáncer/Piscis. Emocionales, románticos, compasivos, benevolentes, devotos y complacientes, vivirán un amor de película, pero una vez terminada la función, breve por cierto, cada uno querrá irse por su lado. Creerán haber encontrado su compañero ideal y juntos construirán castillos en el agua, pero casi tan pronto como los dibujan se desaparecen. A pesar de todo, quedará el rescoldo cálido de lo que pudo haber sido y el ensueño para rememorar tiempo después.

Leo/Leo. Una combinación fascinante, incendiaria e irresistible. Cada uno se ve a sí mismo en el rostro del otro y admira su efigie. Se podría decir que, más que amar a su pareja, aman el esplendor de su efigie que se refleja en ella. Todo maravilloso hasta que deben dirimir un asunto trascendente y determinar quién domina la relación; entonces, todo el encanto se esfuma porque ninguno quiere ceder; si la controversia no se resuelve pacíficamente, el combate puede dejarlos heridos e irreconciliables.

Leo/Virgo. Esta relación suele ser un juego de dominio en el que sabemos de antemano el resultado, aunque no tienen una gran motivación para estar juntos, excepto el hecho de que Leo requiere de adeptos y Virgo, un ejemplo de arrojo y autoafirmación. El primero, en búsqueda de reconocimiento externo, ostentando logros e imponiendo su voluntad. El segundo, sujeto a criterios restrictivos introyectados, imposibles de alcanzar y que dan como resultado una precaria imagen de sí mismo.

Leo/Libra. Una relación afortunada. Libra se siente atraído por el carácter dinámico, magnánimo y directivo de Leo, lo cual le aporta apoyo para definirse al momento de tomar decisiones. Leo ve en su contraparte su disposición de equidad, romanticismo, diplomacia y elegancia. Parecen estar hechos el uno para el otro. Se sienten orgullosos de ser pareja y que la gente los vea juntos, pues reflejan armonía, afecto y felicidad. El carácter de Leo se suaviza y la indefinición de Libra desaparece.

Leo/Escorpio. Unidos frente al mundo no hay quien los detenga, pero el uno frente al otro pondrá fácilmente de ma-

132

nifiesto sus diferencias e incompatibilidades. Se admiran, se respetan, se erotizan y tienen encuentros enardecidos. Leo ostenta el poder, establece la autoridad y ataca directo. Escorpio seduce, somete, manipula, ataca subrepticiamente. Ninguno soporta que el otro prevalezca y menos que se ostente como vencedor en cualquiera de sus disputas.

Leo/Sagitario. Pareja de entusiastas, expansivos, ruidosos y conquistadores. Amantes, amigos y cómplices. Siendo ambos de fuego, necesitan prevalecer, pero el carácter filosófico de Sagitario le permite aceptar sin problema el liderazgo del león y éste, al ver que no es rivalizado ni temido, deja aflorar su generosidad y convierte su orgullo en mera preservación de la dignidad. Sagitario, en su disposición hacia la aventura, podría hacer sentir a Leo desplazado, al dar prioridad a otros intereses.

Leo/Capricornio. Su relación sería más que de pareja, de asociados para fines de su mutuo encumbramiento y el alcance exitoso de sus metas. Sin embargo, ninguno de los dos estaría dispuesto a reconocer la aportación del otro en el logro de sus ambiciones. En realidad, se trata de signos contrastantes. Leo es impulsivo, tomador de riesgos, impaciente y sin método. Capricornio, sopesado, cauteloso, parsimonioso y estructurado. Los bienes producto de su común esfuerzo pueden representar la manzana de la discordia.

Leo/Acuario. Pueden combinar sus cualidades y diferencias, completándose mutuamente. Ambos se sienten dueños de su destino, aunque Leo tiene necesidad de afianzarse continuamente, en tanto que Acuario parece llevar instalada la fe en sí mismo. Leo admira la creatividad y el desapego acuarianos y esto le permite dejar ver su nobleza y olvidarse un poco de sí mismo. Acuario se impresiona con el temple leonino de grandeza y realización y se apoya en él para llevar adelante sus empeños humanitarios.

Leo/Piscis. Leo suele ser conquistado por el sencillo e indefenso pisciano; guarda sus garras para no lastimarlo y, más aún, lo defiende de cualquier acoso. Piscis agradece la protección y muestra toda la ternura de que es capaz. Uno muestra el poder y otro, la fe. Así ocurre cuando ambos son capaces de dejar ver su mejor rostro, pero no es lo más frecuente. La brusquedad leonina y la fragilidad pisciana difícilmente conviven de manera armoniosa, por lo que raramente se les ve juntos.

Virgo/Virgo. Se pueden atraer por la afinidad de su parecido, pero pronto se dejan ver críticos, ásperos, desconfiados y fiscalizadores con su contraparte, de manera que el encanto inicial se transforma en rechazo y en una relación maltrecha. Además, como a ambos les falta "sal y pimienta" para condimentar su vida, se aburren y, finalmente, se abandonan. Su perfeccionismo y observación del detalle es tal, que ninguno es suficientemente merecedor del otro.

Virgo/Libra. Virgo tiende a ser crítico, exigente y selectivo, en tanto que Libra suele no juzgar a las personas y acepta distintos puntos de vista. Libra es extrovertido y sociable, mientras Virgo está en el polo opuesto. Ambos cavilan largamente: Libra para tomar una postura y Virgo para vigilar que no haya errores. Virgo expresa sus convicciones en forma punzante, en tanto que Libra cuida las formas y procura no lastimar. Si aceptan aprender el uno del otro, se verán beneficiados y tendrán encuentros agradables.

Virgo/Escorpio. La intensidad y avances provocativos de Escorpio suelen hacer que Virgo caiga en sus redes o que surjan sus escrúpulos y se aleje asustado. Si la conquista se consuma, Escorpio suele hacerle sentir la confianza que necesita para desplegar su centro amoroso. Virgo aporta su análisis objetivo y le proporciona a Escorpio un apoyo invaluable para ubicarse en la realidad material. Al lograr este equilibrio, pueden permanecer de modo satisfactorio.

Virgo/Sagitario. El mundo ordenado y perfecto al cual aspira Virgo, no es ni con mucho el ámbito en el que Sagitario se siente acogido. Éste, por el contrario, se conduce por la inspiración del momento por lo que no tiene otra cortapisa que la de la expresión libre y espontánea. Virgo repasa en su mente una y otra vez los sucesos; en cambio, Sagitario pasa de un interés a otro sin involucrarse ni detenerse. Sagitario hace filosofía sin un propósito práctico. Virgo aplica su mente buscado eficiencia y rendimiento.

Virgo/Capricornio. Tienen mucho que compartir, en especial para obtener beneficios tangibles de su actividad. No son dados a perder el tiempo y relegan a un segundo plano las diversiones y los sentimientos. Su alegría se deriva del deber cumplido y del logro de metas tangibles para las que debieron utilizar un método de simplificación y optimización. Su vida afectiva y emocional es reducida. Estas características muestran que son mejores socios en el trabajo, que como pareja de amantes.

Virgo/Acuario. Estos signos carecen de una predisposición natural a atraerse. Su vinculación puede basarse en las carencias mutuas. Virgo sigue caminos probados, seguros y repetitivos. Acuario hace camino al andar, asume riesgos y rompe hábitos. El primero es reiterativo y rutinario en tanto que el segundo es inventivo y extravagante. La fortaleza de Virgo es que materializa sus propósitos; es aquí donde puede resultar de apoyo para que Acuario concretice sus innovaciones.

Virgo/Piscis. Cuentan con una disposición natural para combinar positivamente sus características aparentemente contrarias. El racionalismo de Virgo es derribado por el misticismo y la devoción pisciana. La falta de rumbo que Piscis acusa, encuentra un punto de apoyo en la objetividad y capacidad analítica de Virgo. Así como el agua y la tierra se compenetran para ser la matriz de la vida en la naturaleza, así estos signos cooperan entre sí y se enriquecen mutuamente.

Libra/Libra. Este signo tiene la enorme necesidad de contar con alguien y mejor aún si logran conjugar la armonía, la belleza, la cultura, el arte, la cooperación, la justicia, todo ello bajo el imperio de las formas sociales. Juntos parecen tener esta oportunidad; no obstante, como ponderan la paz y la conciliación ante todo, otorgan a su contraparte el rumbo de su relación. El problema es que lo hace el uno con el otro y, en consecuencia, no van a ninguna parte.

Libra/Escorpio. Se dice que son magníficos compañeros y amantes de viajes cortos. Sienten gran fascinación. A Libra le seduce el magnetismo y la fuerza erótica de Escorpio y éste se derrite por la elegancia, belleza y buenas maneras de aquél. El encuentro íntimo, intenso y a profundidad, los hace vivir en un mundo desconocido. Libra se asoma a las envolventes olas de los sentimientos. Escorpio experimenta la capacidad de sopesar sus pulsiones antes de descargarlas instintivamente.

Libra/Sagitario. El flechazo de Sagitario hace instantánea mella en Libra, al grado de que no le da tiempo para dudar. La atracción de las formas libranas empuja a Sagitario a vivir una aventura más. Son la pareja que permanece mientras esté presente el encanto de compartirse con romanticismo, divertimiento y libertad. Inconstantes y poco dados a comprometerse, después del placentero encuentro, descubren que no tienen entre sí un vínculo palpable.

Libra/Capricornio. Libra anhela la comodidad, la elegancia y todas las cosas bellas posibles. Capricornio ambiciona riqueza y distinción y está dispuesto a realizar todo el esfuerzo que sea necesario para obtenerlas. Libra aporta sus habilidades sociales para facilitar el avance. Juntos podrán alcanzar su propósito. La pasión y el afecto quedan en segundo plano; el glamour y el encumbramiento social toman el lugar principal.

Libra/Acuario. Aquí encontramos la afinidad intelectiva, la amistad y los intereses altruistas y la ausencia de pasión, aventura y compenetración sentimental. La tertulia y la participación en grupos con finalidades compartidas constituyen el escenario para esta pareja. Se sentirán felices de recibir amistades en casa, bellamente decorada por Libra, para conversar largamente. Acuario hará gala de su liberalidad, humanismo y excentricidad.

Libra/Piscis. La imagen refinada y grácil de Libra aviva la fantasía de Piscis. A su vez, la compasión e incondicionalidad del afecto pisciano hace sentir a Libra cercano al paraíso que previamente ha idealizado. Dos almas sensibles, aunque suficientemente distantes como para hacer camino común. El lugar de Libra es un escaparate social en tanto que el de Piscis es la intimidad y, acaso, la soledad. Libra necesita pareja para conversar. Piscis, para compartir la expresividad común en silencio.

Escorpio/Escorpio. Su vinculación es apasionada, intensa y compulsiva. En la más profunda intimidad, se manifiestan al desnudo y bajo escaso control las corrientes emocionales que subyacen en la psique, tanto armoniosas, espirituales y reivindicadoras como discordantes, malévolas y destructivas. La sexualidad y la posesividad exclusiva ocupan un lugar preponderante y son motivo de desenlaces dolorosos cuando alguno de los participantes se siente traicionado.

Escorpio/Sagitario. Estos signos de agua y fuego, respectivamente, discuten con facilidad. La emocionalidad escorpiana precisa expresarse; emerge incontenible y posesiva. El sentido aventurero de Sagitario no acepta sujeción ni se detiene a hacer concesiones a los sentimientos. El punto de contacto de esta pareja puede estar en la práctica psíquica y espiritual; corren por caminos separados, pero pueden conjuntarse mediante prácticas tántricas y taoístas.

Escorpio/Capricornio. Se relacionan sobre una base de respeto, paciencia, responsabilidad y consideración. Son reservados, tesoneros y predispuestos a conseguir sus objetivos. Capricornio no es dado a actuar con pasión y emotividad, pero la presencia de Escorpio lo motiva a abrir su interioridad. Escorpio es atraído por la fortaleza de Capricornio y su capacidad para dirigir la realidad objetiva. El secreto de su permanencia es que pueden dirimir sus controversias sin lastimar al otro.

Escorpio/Acuario. Estos signos viven en mundos aislados y son pocos los puntos de contacto entre ellos. El desbordamiento emocional y la posesividad de Escorpio no congenian con la actitud intelectual e independiente de Acuario. El primero demanda intimidad, exclusividad y el fervor de su pareja. El segundo se siente amenazado por la cercanía sentimental, no se entrega devotamente y se conduce de manera indolente y distraída.

Escorpio/Piscis. Entre ellos se genera una profunda conexión psíquica y afectiva, más allá de cualquier verbaliza-

ción y corporalidad. Escorpio comprende intuitivamente la vulnerabilidad pisciana, por lo que se desvive por brindarle protección y calidez. Piscis le corresponde con devoción e incondicionalidad. Sus encuentros son intensos, apasionados, cargados de ternura y desconectados de la realidad material, que los aguarda para confrontarlos y recordarles que deben tomarla en cuenta.

Sagitario/Sagitario. Como toda relación entre sujetos de un mismo signo, ven en el otro el reflejo de sí mismo. De suyo alegres, dinámicos, extravertidos, progresistas, religiosos, expansivos, al estar juntos se intensifican aún más. Su disposición para viajar sea físicamente o con el pensamiento, los lleva a divertidas, frecuentes y lejanas andanzas, sin extrañar para nada su lugar de origen. En su irreflexiva carrera, difícilmente recuerdan que los recursos y las energías tienen un límite.

Sagitario/Capricornio. Algunas de sus características los apoyan mutuamente: Sagitario aporta a Capricornio alegría, filosofía, optimismo, fe en el porvenir, ideas frescas y expansivas, deseos de viajar, altruismo, abordaje de riesgos y recibe de éste, seriedad, sentido práctico, objetividad, valoración de la experiencia, ideas que han probado ser exitosas y concretizadoras, aprecio por lo propio, estabilidad, prudencia. Sin embargo, la química no se da fácilmente y la probabilidad es que sigan de largo.

Sagitario/Acuario. Representan idealismo, elevación, solidaridad, sueños por realizar, altruismo, libertad, expansividad,

creatividad. Conjugarán todos estos factores, pero la amalgama entre ellos es evasiva y, por encima de todo, su necesidad de independencia y aventura saldrán a flote. No es previsible que permanezcan juntos para ver los frutos de lo que compartieron, aunque les quedará la sensación de que fueron buenos tiempos.

Sagitario/Piscis. Su carácter no les permite acercarse demasiado. Sentirán atracción al ver en el otro cualidades de las que carecen, pero sus diferencias acabarán separándolos. Sagitario no halla aquí al compañero vivaz y osado con quien acompañar sus anhelos de aventura; antes bien, observa a alguien lánguido, doliente y temeroso. Piscis no ve colmada su aspiración de compartir el arrobamiento que provoca un plenilunio; por el contrario, se encuentra con alguien ruidoso y disperso.

Capricornio/Capricornio. Les fascina compartir algunas de sus similitudes: son serios, realistas, trabajadores, metódicos, ambiciosos, utilitaristas, responsables, infatigables ante sus tareas, enemigos de la especulación, tradicionalistas y eficaces y podrán construir juntos una sólida posición social y económica. Pero también estará con ellos la rutina, la resequedad emocional, el pesimismo, la pesada carga de los deberes y el abatimiento; aunque, como son idénticos, podrán seguir juntos.

Capricornio/Acuario. Poseen cualidades esenciales de las que carece su contraparte, por lo que podrían ganar ambos al conjuntarse. Si se unen la industriosidad capricorniana y la creativa genialidad acuariana, podrán lograr frutos tangibles y novedosos que jamás verán por separado. El éxito es inminente; sin embargo, su relación personal es otra cosa. Es poco previsible que susciten en el otro la motivación, simpatía, erotismo, encanto, espontaneidad y sensibilidad como para permanecer juntos gratamente.

Capricornio/Piscis. La dulzura y sensibilidad pisciana resulta de gran atractivo para Capricornio, el cual rápidamente aparta su dureza y adopta una actitud de protección. Con ello, ambos se disponen confiados a disfrutar de su intimidad, procurando complacerse mutuamente. Su vida cotidiana no está exenta de problemas debido a sus acusadas diferencias, pero el atractivo de sus encuentros amorosos les hace resistir.

Acuario/Acuario. Suelen ser buenos conversadores, especialmente sobre temas originales, controvertidos y altruistas. Están interesados en conocer los avances que surgen en el mundo. Su relación es eminentemente intelectual; las emociones y sentimientos son para ellos material extraño y poco atrayente. Necesitan más estimulación mental que física o romántica, aunque siempre podrán sorprendernos con aquello que no sea lo habitual.

Acuario/Piscis. El romance, si es que ocurre, será pasajero, pues tendrían que hacer un gran esfuerzo para comprenderse y compaginar sus múltiples diferencias. Acuario es muy excéntrico y distante para un Piscis místico y amoroso; demasiado impersonal para satisfacer la necesidad de compañía cercana.

Su mutua preocupación por el bienestar humano y su mundo de fantasía y ensoñación no son suficientes para mantenerlos juntos, sobre todo porque los tratan de una manera distinta.

Piscis/Piscis. Hermanados en las dimensiones profundas del alma, por momentos serán el bálsamo amoroso que ambos requieren para transitar por el mundo. Sus inclinaciones artísticas, creativas y de misericordiosa asistencia al prójimo, los hará permanecer juntos y gratificados en sus momentos luminosos; no obstante, su fácil disposición para caer en el desánimo y la desesperanza los hace arrastrarse mutuamente en una espiral descendente cada vez más perniciosa, evasiva e, incluso, adictiva.

La conducta en función de los cuatro elementos astrológicos

Desde la Antigüedad, las tradiciones mítico-religiosas se refirieron a la energía primordial que conforma todo lo que existe, la cual ha sido denominada de diversos modos: Ki, Qi, Chi, Prana, energía Una, etcétera.

Como consecuencia de la ley de polaridad, esta energía se manifiesta en dos vertientes fundamentales: una positiva y otra negativa. La primera tiene un carácter masculino, activo y expresivo. La segunda es femenina, pasiva y receptiva.

Por la propia ley de polaridad, cada una de ellas se bifurca, dando origen a cuatro modalidades de energía, que van de lo mayormente positivo hasta lo más negativo y constituyen los ladrillos básicos con los que se construye todo lo que existe.

En el ámbito de la astrología, tales modalidades son conocidas como los *elementos astrológicos*. Éstos son el fuego, el aire, el agua y la tierra. Los dos primeros poseen una polaridad positiva, siendo el fuego el de mayor carga. Los dos últimos, tienen una cualidad negativa, correspondiendo a la tierra la mayor carga.

Los elementos astrológicos poseen determinadas cualidades, las cuales infieren atributos específicos de manifestación. Cada elemento puede ser caliente o frío y, a la vez húmedo o seco.

El calor es un principio dinámico, fuente de movimiento y energía. El frío es un principio estático, paralizante, condensador e inmovilizador. La humedad es un principio extensivo, que tiende a la fluidez, a licuarse. La sequedad es un principio restrictivo, que endurece, causando ruptura y tensión.

Por su naturaleza, lo caliente tiende a expandirse y a crecer, en tanto que lo frío se contrae y decrece. Lo húmedo se presenta flexible y tiende a disolverse. A su vez, lo seco demuestra rigidez y tiende a solidificarse.

Desde el punto de vista del comportamiento humano, lo expansivo se manifiesta como extroversión, en tanto que la contracción, que es lo opuesto, como introversión. Asimismo, lo húmedo se traduce como tolerancia y lo seco se expresa como intolerancia.

El fuego es caliente y seco; por esta razón, representa un comportamiento extrovertido e intolerante. El aire es caliente y húmedo y tiene que ver con una conducta extrovertida y tolerante. La tierra es fría y seca, lo cual se expresa como una manifestación introvertida e intolerante. Finalmente, el agua es fría y húmeda, por lo que está en concordancia con la presencia de una conducta caracterizada por la introversión y la tolerancia.

En esto radica el fundamento de todo el andamiaje bajo el cual está construida la astrología.

La vinculación entre los elementos astrológicos puede adoptar las siguientes modalidades: relaciones de oposición-complementación, de conflicto, de contraste y de identidad.

En función de las cualidades de los elementos, éstos mantienen entre sí afinidades y antipatías, las que van a traducirse como compatibilidades e incompatibilidades.

El **fuego** y el **aire** tienen una polaridad positiva, por lo que guardan una afinidad básica de expresión. En cuanto a sus cualidades, vemos que hay una parte en la que son similares y otra en la que son opuestos. Ambos poseen la cualidad de lo caliente, es decir, de la extroversión; sin embargo, poseen propiedades opuestas, pues el primero es seco y, en consecuencia, intolerante y el segundo es húmedo, o sea tolerante.

Por el hecho de que comparten la misma polaridad y mantienen propiedades similares y a la vez opuestas, son denominados opuestos complementarios. Por su polaridad expansiva son compatibles, aunque su comportamiento es distinto en cuanto a su propensión a la intolerancia y tolerancia respectivamente.

El **agua** y la **tierra** tienen una polaridad negativa, por lo que también guardan una similitud de fondo. Además, ambos participan de la cualidad de ser fríos, es decir, de la introversión.

147

A pesar de ello, el primero es húmedo lo cual lo hace tolerante, en tanto que el segundo es seco, es decir, intolerante.

Igual que el fuego y el aire, comparten la misma polaridad y poseen tanto propiedades similares como contrapuestas, por lo que caen en la categoría de opuestos complementarios. Por su polaridad son compatibles, pero en la dinámica de su comportamiento difieren en cuanto a su capacidad de tolerancia.

El **fuego** y el **agua** no comparten ninguna característica. El primero es de polaridad positiva y el segundo, negativa; el primero es caliente y el segundo, frío. El primero es seco y el segundo, húmedo. Puede apreciarse fácilmente que resultan incompatibles, al grado de que se les conceptúa como conflictivos.

Situación idéntica a la anterior ocurre entre la **tierra** y el **aire**. Igual que el fuego y el agua, tampoco comparten ninguna característica, pues el primero es de polaridad negativa y el segundo, positiva. El primero es frío y el segundo, caliente. El primero es seco y el segundo, húmedo. De ello resulta una dinámica de pelea y contradicción inmediatas, que los hace ser incompatibles y conflictivos.

En la relación entre el **fuego** y la **tierra**, son de distinta polaridad, pues el primero es positivo y el segundo negativo. Pese a ello, ambos son secos, lo cual les da una dinámica de comportamiento parecida en cuanto a la intolerancia, proveniente de su sequedad. Como en la modalidad de interacción que denominamos opuesta complementaria, compatibilizan en cierta parte y difieren en otra. Sin embargo, no reúnen todos los requisitos para ser clasificados así por el hecho de que no comparten la condición de polaridad, entonces, los clasificamos en una categoría diferente llamada *contrastante*.

Lo mismo ocurre entre el **aire** y el **agua**. Tienen una polaridad distinta, ya que el primero es positivo y el otro, negativo. También, comparten una cualidad, ya que ambos son húmedos, pero son discordantes en cuanto a que el primero es caliente y el segundo, frío. Entre ellos imperan ciertos mecanismos de complementariedad, pero también lucha y contradicción. Como en el caso del fuego y la tierra, su forma de vincularse es contrastante.

Por último, tenemos el caso de la interacción de un elemento consigo mismo, como **fuego** con **fuego** o **agua** con **agua**. En tanto que se comparten las mismas características de polaridad y de cualidades, a este tipo de relación entre dos componentes de un mismo elemento le denominaremos *de identidad*.

Los seres humanos contamos con cuatro maneras de percibir, conocer y vivenciar la existencia. Carl Gustav Jung las identifica como las cuatro funciones psíquicas básicas o **dimensiones de la experiencia humana**: intuición, pensamiento, emoción y sensación.

La intuición es un conocimiento inmediato y espontáneo de lo desconocido, que le imprime direccionalidad a nuestra conducta, sin que esté de por medio algún factor de la realidad. El pensamiento es un acto intelectual que permite establecer relaciones lógicas entre factores dispersos y analizarlos. Las emociones son alteraciones del ánimo que se manifiestan como expresiones de alegría, tristeza, miedo, cólera y afecto. La sensación es la percepción sensorial de la realidad.

Las cuatro dimensiones de la experiencia humana se correlacionan con los elementos astrológicos. El fuego es la expresión de la función intuitiva y del ejercicio de la capacidad volitiva. Por su parte, el aire representa las expresiones de la mente, tales como la conceptualización y la sociabilidad. Al agua se le vincula con la emocionalidad, los sentimientos y los sueños. Por último, la tierra es asimilada con el mundo de las sensaciones corporales, que son la ventana que nos pone en contacto con la realidad objetiva.

El fuego es el elemento de la transmutación, pues siempre tiende hacia arriba. Da impulso y deseo de superación; está asociado con el calor y la luz. Psicológicamente, se relaciona con las aspiraciones, el idealismo, el entusiasmo, la confianza en sí mismo, la independencia, la virtud, el valor, la dignidad, la felicidad, la vehemencia y el éxito.

La principal característica del aire es el movimiento. Los demás elementos dependen del aire para su activación. Si no fuese por éste, todo permanecería estático. Gracia al movimiento, podemos conocer el mundo y a nuestro prójimo, por lo que representa el sentido de la información, de la comunicación y la sociabilidad.

El elemento tierra se vincula con el principio de solidez y, por consiguiente, con el sentido de estabilidad y de permanencia. Es esencial para nuestro sentido de seguridad. Se asocia con el espíritu práctico, la permanencia, la fidelidad, la estructura, la conservación, el realismo, la tolerancia, la paciencia, la firmeza y la claridad.

El agua tiene el instinto de descender y por eso nutre las formas de los mundos más densos. Así como la tierra se ablanda con las lluvias, el agua proporciona plenitud y suavidad. Se asocia con las emociones, las facultades imaginativas y los sentimientos personales, por lo que resulta ser totalmente subjetiva. En el mundo helénico, la astrología era utilizada como factor inseparable de la medicina. Desde Hipócrates y Galeno, hasta la Edad Media, ésta fue una práctica ordinaria. Se consideraba que en el cuerpo existen determinados fluidos corporales llamados *humores*.

Para diagnosticar y usar los remedios adecuados, el médico debía identificar el humor o tipo de temperamento predominante, ya fuera colérico o bilioso, sanguíneo, melancólico o linfático y flemático o nervioso. A dichos temperamentos se les consideraba relacionados con los cuatro elementos astrológicos: fuego, aire, agua y tierra respectivamente.

Quienes practican la astrología médica consideran que los cuatro elementos integran la materia prima con la que se edifica la constitución corporal y reflejan el temperamento y la sensibilidad individual. Sostienen que los elementos difieren unos de otros en la calidad vibratoria y que en el organismo se combinan ya sea en proporción equilibrada o no.

Si los elementos están equilibrados, la persona se siente armonizada y su comportamiento fisiológico muestra pocas estridencias o rasgos exagerados. Si alguno predomina, esto se refleja en las enfermedades que se padecen. Cuando se carece de un elemento, la persona sufre las enfermedades que esta deficiencia origina.

Prescriben que el fuego afecta el siquismo, el corazón y produce inflamaciones y fiebre. El aire afecta el sistema nervioso, los riñones y el sistema respiratorio. El agua afecta el sistema circulatorio, el sistema linfático y los órganos genitales. La tierra afecta el esqueleto, la piel, el cabello y las uñas.

Como veremos a continuación, **cada uno de los elementos astrológicos refiere un determinado comportamiento**. Las descripciones siguientes están formuladas como si los sujetos sólo estuvieran constituidos por un solo elemento, lo cual no ocurre en la realidad. Cada persona es una mezcla variable en la que intervienen los elementos en distintas proporciones.

Las personas de **fuego** son alegres, confiadas y optimistas. Se sienten impulsadas por una fuerza intrínseca que las lleva a perseguir un propósito superior. Su motivación fundamental es conquistar la libertad derivada de sujetarse sólo a los dictados de su propia conciencia. Su entusiasmo es tan grande que viven en un mundo alejado de la realidad objetiva. Su espontaneidad casi infantil está a flor de piel.

Son líderes natos, cuya motivación central es vivir la experiencia de desplegar su voluntad sobre los demás, sin preocuparse de que sus directrices tengan una validez demostrable y aun sin perseguir la consecución de resultados concretos. Arriban a sus convicciones no por la vía del pensamiento, sino que son guiados por una voz interior que los impulsa continuamente, indicándoles lo que es correcto y lo que deben hacer en cada momento. Son auténticamente producto de su propia inspiración.

Su misión es impulsar un ideal elevado, el cual transmiten con determinación, induciendo a otros a seguirlo. En ocasiones, se trata de causas nobles y altruistas, las que enarbolan como si fuesen caballeros cruzados, aunque también se les puede observar tratando de lograr finalidades egoístas.

Las personas del elemento fuego no se dejan dominar por las pasiones, los deseos y los sentimientos; antes bien, procuran dejarlos fuera de su vida, pues consideran que si ceden ante ellos estarían exhibiendo una debilidad y una traición a su propia naturaleza, por lo que tratan de deshacerse de ellos lo más pronto posible. No tienen tiempo para padecer y sufrir por los dolores ajenos ni por los propios.

Cuando se expresan, van directo al grano, sin detenerse a dar explicaciones sobre su actuación ni a argumentar el porqué de su postura. En ocasiones, esto las lleva a sostener prejuicios y necedades que son difíciles de rebatir por la contundencia con que se expresan.

Su interés no está en las ciencias físicas y objetivas derivadas de largos procesos de experimentación y prueba, sino en las asignaturas dogmáticas e intuitivas como lo es la filosofía. La sensualidad y el placer de los sentidos le proporcionan gran felicidad, pero su erotismo no está constreñido a la corporalidad, sino que buscan alcanzar una especie de éxtasis derivado de la alegría de vivir y de gozar a plenitud.

Los sujetos de fuego poseen una gran vitalidad, la cual se hace especialmente palpable cuando se pone al servicio de una causa superior. Tienen tendencia a asignar a su vida y experiencias un contenido simbólico o mitológico, que se relaciona intensamente con su naturaleza interior.

Con frecuencia, su conducta está matizada por el dramatismo y la exageración, por lo que no pasan inadvertidos. Se sienten atraídos por el mundo del teatro. No pueden soportar una vida de monotonía.

El individuo de **aire** es el pensador, el ideólogo, el teórico, el que pone énfasis en el desarrollo de sus capacidades mentales. Tiene afición por el conocimiento, la cultura, el arte, los buenos modales y la apreciación de la belleza.

Su misión es crear con la mente y difundir sus creaciones intelectivas. Para poder utilizar su mente con objetividad, se coloca a distancia de aquello que pueda empañar su imparcialidad, como son las emociones, los sentimientos y el excesivo involucramiento personal, por lo que posee un fuerte sentido de la justicia.

Su mundo es el de las formas, por lo que se interesa en descubrir la estructura y dinámica de cualquier sistema vivo o inanimado. Vive la realidad exclusiva de su mundo pensante, el cual a menudo es muy diferente del de la realidad exterior.

Los procesos de la vida sólo adquieren sentido para él cuando pueden ser entendidos como verificación de una teoría.

La persona del elemento aire tiene necesidad de sopesar todas las alternativas posibles sobre cualquier asunto que se le plantea, por lo que tarda en tomar una postura e incluso después de haberla decidido, queda con la duda sobre si habrá sido suficientemente justo en su juicio. Como todo lo tiene que sopesar, tarda en decidir y toma acciones tardíamente, cuando ya ha pasado la oportunidad.

Experimenta el erotismo como una mera aproximación a un modelo virtual preconcebido, pleno de armonía, de verdad y de belleza, que sólo es posible en su mundo mental. Dado que teoriza sus relaciones, éstas nunca son suficientemente satisfactorias, pues la realidad objetiva dista de los productos de su imaginación.

Es socialmente activo debido a que requiere reflejar en el mundo los productos de su pensamiento; su participación en la sociedad está matizada por la cortesía y la diplomacia, pregonando la concordia, la cooperación, el humanismo y la paz.

Su mundo está más allá de toda materialidad, por lo que tiende a interesarse en lo metafísico, ya que su aspiración se centra en el conocimiento puro, descubierto mediante la lógica y la razón. Llega a ser ingeniosamente creativo e innovador, adelantándose a su tiempo, pero con frecuencia sus creaciones tienen poco sentido práctico, aunque quedan ahí para que otro las ejecute.

Los signos de aire enfrentan los problemas poniéndose por encima de éstos y buscando todo tipo de explicaciones que indiquen el porqué y el cómo se originaron. Formulan después un plan para resolverlos, mas no necesariamente se ocupan de aplicar sus planteamientos.

Como su vocación natural es encontrar y expresar la verdad, consideran que, si actúan en contra de sus convicciones, caen en cierta forma de maldad.

Se podría decir que el aire es característico de lo estrictamente humano, del cultivo de la mente civilizadora, que con excepción del hombre no ha sido alcanzado por ninguna otra criatura. Esto se refleja en los símbolos de los signos zodiacales de aire, pues no están representados por animal alguno como los de otros elementos, lo cual destaca su deseo de ir más allá de la compulsión instintiva característica del mundo animal.

Para el sujeto del elemento **agua**, no hay algo que resulte más importante que compartir profundamente las relaciones personales. Aquí se aplica aquello de que es preferible ser lastimado que ignorado, por lo que es capaz de provocar un conflicto con tal de obtener una respuesta emocional. El mundo de esta persona es el de las emociones y los sentimientos, desde los más oscuros hasta los más luminosos y se recrea en ellos en un juego interminable.

Su vivencia es comparable con un océano, por cuanto éste se mantiene en un continuo movimiento y con los sueños porque en ellos no intervienen la fuerza del yo para moverlos a voluntad, ni el cuerpo físico. La volatilidad de sus deseos es la que asume la dirección de su comportamiento.

Tiene una gran sensibilidad hacia el entorno, por lo que es capaz de conducirse compasivamente y con gran empatía. Posee una capacidad innata para comprender los sentimientos y contenidos emocionales de los demás, motivo por el que es buscado para impartir consuelo y apoyo.

Tiene dos motivaciones fundamentales: el deseo y el temor. Desea que ocurra algo específico y teme que suceda aquello que no desea. Desea sentir emocionalmente los sucesos, con toda intensidad y, a la vez, alejarse de la realidad externa y de las especulaciones lógicas, las cuales son incompatibles con su naturaleza.

Las vivencias de una persona de agua son importantes por sí mismas y no por las causas que las producen o los efectos que de ellas se derivan. Los contenidos de su experiencia son los estados de ánimo, los deseos y las pasiones, los cuales resultan inaccesibles a la percepción objetiva.

Es prácticamente imposible asomarse al mundo del agua, si no es por la vía de la experiencia personal y de la referencia subjetiva. Sólo podemos conocer lo que ocurre dentro de estos seres por lo que ellos mismos nos relatan y acaso lo que deducimos de su comportamiento, pero siempre existe la posibilidad de no comprender a cabalidad. Para el individuo de agua, la posibilidad es más significativa que la realidad, por lo que cultiva la poesía, la ficción, el cine, el teatro y la novela. Prefiere aquellas disciplinas que relacionadas con la vida psíquica. Es adepto de las artes que le permiten envolverse en el ropaje de las emociones, en especial de la música, la cual le hace vibrar de manera intensa y profunda.

En el terreno de lo moral, su valoración se finca en el trasfondo psíquico y tiene más que ver con el goce y el sufrimiento que con cualquier consideración ética. El mero deseo de dañar o de causar dolor puede hacerlo sentir culpa, como si los hechos esperados se hubieran producido.

Las personas de **tierra** son las realistas, cuya acción se vierte en el mundo de los hechos materiales. Se expresan mediante su cuerpo y, en particular, sus manos. Su orientación natural es actuar en el mundo exterior y transformarlo.

Sus juicios se fundamentan en las experiencias precedentes. No se ocupan de reflexionar sobre lo bueno o lo malo, ni acerca de lo falso o verdadero, menos aún, en las motivaciones que hayan dado lugar a los hechos, sino sólo en los efectos materiales que se deriven de ellos.

Su valoración de los acontecimientos no se basa en los ideales que subyacen, sino en los hechos resultantes. En consecuencia, la historia para ellos es el recuento de los eventos y las consecuencias que generaron. El principal motivo de satisfacción de las personas de tierra es lograr algo útil, concreto y cuantificable; por ello, emprenden acciones que les permitan acrecentar lo más posible el caudal de sus posesiones.

Desde luego, su mundo no es el de la interioridad, sino el de lo que se percibe mediante los sentidos corporales; todo lo demás es mera fantasía y especulación, por lo que carece de la importancia suficiente como para dedicarle su atención.

No tienen inclinación por sumergirse en los sentimientos. Tampoco se permiten manifestarlos y, mucho menos, dejan que dominen su vida. Cuando surgen las emociones, de inmediato tratan de apagarlas, por lo que dan la impresión de ser insensibles tanto a los sentimientos propios como a los ajenos. Les es difícil separar los procesos corporales de los contenidos emocionales.

Su vida erótica se centra en la corporalidad y, como se ha dicho, en ella no tienen gran cabida los afectos y las sensiblerías. En caso de tener tropiezos con alguna pareja, fácilmente la reemplazan sin gran dolor o remordimiento.

En el terreno de la moralidad, lo que cuenta son los hechos consumados y sus consecuencias, pero no la intención ni los conflictos de conciencia que pudieran implicar. Lo decisivo para valorar una conducta es si ésta produce un efecto útil o dañino. Difícilmente el dolor ajeno puede ser un factor que cambie su posición ante un hecho, ni moverlos a sentir piedad y a actuar con misericordia.

Preponderantemente, su vida mental se orienta hacia la realidad exterior, al grado de que primero pueden dudar de su propia existencia que de lo que ven afuera. Se interesan por el conocimiento científico sólo en cuanto éste sea capaz de producir beneficios tangibles, por lo que están más cercanos a la tecnología que a la ciencia pura.

Los individuos de tierra son prácticos, eficaces, responsables, dotados de sentido común, sensuales, realistas, bien organizados, amantes del dinero, la seguridad y la posición socioeconómica. Perciben que el cuerpo es su hogar y se identifican con él, por lo que procuran satisfacer sus necesidades físicas.

En realidad, cada ser humano está constituido por una mezcla variable y única de estas cuatro modalidades de la energía primordial. Reiteramos que las descripciones que hemos expuesto aluden a las personas como si estuvieran constituidas de modo exclusivo por el elemento que se explica. Como toda tipología, sólo pretende servir como punto de referencia y ayudarnos a comprender la dinámica de la personalidad representativa de cada uno de los elementos astrológicos.

La combinación personal de energías

Lo que cada uno aporta en sus relaciones personales, es el cúmulo de aprendizajes que trae consigo. Dicha aportación se convierte en un factor expansivo y productivo o en un factor inhibidor y, tal vez, destructivo, pero, como quiera que sea, en promotor del desarrollo.

Desde el punto de vista astrológico, la aportación de cada uno consiste en una porción específica de fuego, aire, agua o tierra. La interacción entre los sujetos genera una dinámica particular que nos permite entender el estilo de relación de cualquier díada de individuos (padre-hijo, jefe-empleado, esposo-esposa, etc.), y pronosticar en alguna medida lo que ocurrirá entre ellos.

Cada persona posee una combinación única de energías elementales. Como señalamos, lo ordinario es que uno de los elementos astrológicos prevalezca sobre los demás y, sin olvidar la presencia de los otros, nos sirva como punto central de nuestro comportamiento. Podríamos hablar de personas de fuego, de aire, de agua o de tierra, con lo que queremos decir que dicho elemento es el que prevalece. Stephen Arroyo es el precursor en la aplicación del método de análisis de la personalidad con base en los elementos astrológicos. Toda relación humana, dice Arroyo, puede verse como una interacción de dos campos de energía y, aunque pueden apreciarse muchas sutilezas, el arte de comparar cartas es esencialmente un análisis de cómo las energías de las personas se intercambian entre sí. En la mayor parte de las relaciones, existen tanto factores de apoyo como de obstaculización.

Cada sujeto está constituido por una mezcla específica de fuego aire, agua y tierra. Para conocer la proporción que porta de cada uno de los elementos astrológicos, se requiere contar con la carta natal. Por lo común, aparecen en forma preponderante uno o dos elementos a costa de los demás. En algunos casos, uno de los elementos acusa una fuerte carencia o una ausencia total. El hecho de que uno de estos elementos destaque, indica que esa dimensión de la experiencia prevalece en la conformación de la personalidad del sujeto. Por el contrario, una presencia precaria o completa inexistencia, nos habla de que las dimensiones aludidas tienen dificultad para expresarse.

Cuando un individuo no cuenta con algún elemento, las facultades correspondientes se expresan débilmente y con dificultad. La persona debe efectuar un esfuerzo extraordinario para hacerlas aflorar, al grado de que en ocasiones se llega al extremo de sobreexpresarlas.

Como entre los distintos elementos hay afinidades y discrepancias, las combinaciones resultantes tienen cierto grado de comodidad o incomodidad para quienes las poseen. Ello se traduce en personalidades y conductas armoniosas o discordantes.

Cada persona tiene una misión o destino específico que cumplir en su presente existencia, en función de la etapa de desarrollo que le corresponde atender. Para ello, requiere una configuración energética particular.

Es natural que quien esté incorporándose, por ejemplo, a la etapa cognitiva, le sea provechoso tener una buena dosis de aire y otra que esté cruzando por los reinos egoicos se beneficiará más con una elevada carga de fuego. Quien tenga la tarea central de concretizar sus esfuerzos mediante logros materiales, poseerá un mejor soporte con una significativa porción de tierra. Quien transite por las experiencias de relacionarse con intensa intimidad para aprender las prístinas lecciones de transformar un yo en un nosotros, tendrá mucho apoyo en agua.

Cada cual tiene la combinación de elementos que necesita. No existe una carta buena y otra mala o regular. Cada uno tiene lo que requiere para atender la etapa de desarrollo que vive y esto puede consistir en abundancia o carencia de alguna energía elemental y cierta combinación de ellas.

La sobrecarga de **fuego** nos refiere a personas llenas de energía, al grado de que demandan estar en continuo movimiento y actividad, por lo que las encontramos dirigiendo proyectos incansablemente, queriendo encauzar al mundo en función de su particular enfoque.

Son gente automotivada, con gran creatividad y valentía, que pone en marcha sus sueños y los impulsa para conducirlos al éxito. Son portadores de ideales y ven el mundo exclusivamente desde su muy individual perspectiva, por lo que a veces se conducen con fanatismo. Es tan grande su necesidad de hacer triunfar su idea o proyecto, que son capaces de cualquier acto heroico y temerario. Su intolerancia para cualesquier otro punto de vista que no sea el que encabezan, los lleva a actuar con agresividad, dureza e insensibilidad.

Por el contrario, la ausencia de fuego se manifiesta en el sujeto como carencia de vitalidad y de autoconfianza. Su alegría de vivir está marcadamente limitada y, con frecuencia, carece de la fe y del optimismo adecuados para enfrentar las vicisitudes de la vida, por lo que los retos que encuentran les producen desaliento y temor, siéndoles difícil vencer los obstáculos.

Un fuerte cantidad de **aire** indica una mente sumamente activa, difícil de contener. Sus poseedores viven en el mundo de las ideas y del brillo conceptual, pero con poco realismo, por lo que llegan a sufrir trastornos psicológicos y a carecer de control y voluntad.

Tienen escaso contacto con su cuerpo, por lo que pueden desplegar un gran esfuerzo mental sin fatigarse. Su sistema nervioso es activo y sensible. Su energía se agota con rapidez.

Las personas con carencia de aire no se detienen a reflexionar acerca de lo que están haciendo; actúan rutinariamente, sin considerar las consecuencias de sus actos. No exploran sus propias circunstancias y pocas veces ejercitan su racionalidad y un modo abierto de expresarse.

Están tan inmersos en su propia actuación, que dedican poco tiempo a comunicarse. Se vinculan con alguien exclusivamente por los beneficios prácticos que estos lazos les producen. Cualquier persona que sea dada a la reflexión, les parece poco confiable. Pueden tener reacciones violentas ante una idea que no puedan asimilar. Se enferman o violentan contra aquello que les resulta amenazante.

Una sobrecarga de **agua** se observa en personas extremadamente sensibles, que reaccionan con exageración al más ligero estímulo emocional. Son poco capaces de controlar las tensiones derivadas de su contacto con el mundo exterior, por lo que se vierten hacia dentro de sí mismas, tratando de huir de los desafíos de la vida, por medio de la enfermedad o las adicciones.

A menudo sacrifican sus propios intereses, ya sea por falta de autoestima o por el interés genuino de anteponer las necesidades de los demás como forma de manifestación de un amor compasivo y protector. Los más evolucionados, llegan a poseer un fuerte potencial de sanación. Poca agua denota dificultad para asumir los sentimientos y las necesidades emocionales y actuar con empatía y compasión. Estos sujetos pue-

165

den ser fríos, reservados y poco sensibles; tienden a desdeñar los sentimientos de los demás. Desconfían del conocimiento intuitivo. Viven en aislamiento emocional y en aflicción.

Demasiada **tierra** es propia de quienes confían plenamente en la apariencia externa de las cosas. Acusan un interés obsesivo por los hechos concretos y los bienes materiales, en detrimento de ideales y de valores, por lo que puede observarse en ellos cierto cinismo cuando hacen a un lado la moralidad por razones prácticas. Se valoran por lo que tienen, de manera que sienten miedo a perder sus posesiones. Aprecian la rutina y evitan todo cambio que pudiera alterar el curso habitual de su vida. Son ejemplares en su empeño y eficacia para trabajar en la realización de obras concretas, por lo que el mundo laboral y los asuntos prácticos los absorben.

Una fuerte ausencia de tierra es característica de quienes actúan sin sentido práctico y se sienten fuera de lugar en un mundo al que consideran insoportablemente materialista.

Sus necesidades físicas pueden parecerles secundarias o ni siquiera dignas de ser consideradas, por lo que tienen dificultades para ganarse el sustento y carecen de soporte y arraigo. Pueden olvidarse de comer, de hacer ejercicio y descansar.

Viven en el mundo de la imaginación, la fantasía y, acaso, de lo espiritual. Llegan a ser poseedores de notorios dones creativos.

Las descripciones anteriores consideran sólo abundancia o la carencia de uno de los elementos; sin embargo, en la integración real de los individuos, entran en juego los cuatro elementos. A menudo, dos de ellos sobresalen.

Analicemos las posibles alternativas cuando son dos los elementos que destacan. Las posibles combinaciones son seis: fuego/aire, fuego/agua, fuego/tierra, aire/agua, aire/tierra y, agua/tierra.

Una sobrecarga conjunta de **fuego** y **aire** nos hace pensar en personas idealistas, con elevadas aspiraciones, magníficas intenciones, pero con un enfoque de la vida poco realista, al grado de que llegan a descuidar sus propias necesidades. Tienen la capacidad para poner sus ideas en acción, aunque probablemente no persistan en el esfuerzo durante el tiempo apropiado para ver coronados sus propósitos. Cuentan con habilidad para entender el significado de sus acciones y las consecuencias que éstas traen consigo.

Se centran en sus aspiraciones y en sus pensamientos, por lo que casi siempre dejan de lado el aspecto emocional de sus vivencias e incluso sus propias necesidades físicas.

Tienen agudo sentido del humor, un enfoque optimista de la vida y a menudo una brillante aptitud verbal. Se entusiasman con facilidad y emprenden de manera espontánea una serie de acciones y proyectos. Su incesante actividad provoca que gasten su energía y se agoten con facilidad.

Cuando prevalecen el **fuego** y el **agua**, tenemos dos extremos conflictivos dentro de una misma persona: expresividad impulsiva (fuego) y temor a ser lastimado emocionalmente

167

(agua). Hay un tirón entre la libertad y el apego, entre las aspiraciones y las necesidades de seguridad, entre el ego y el desinterés.

Estas personas funcionan de modo eficaz bajo presión y hacen su mejor papel si las circunstancias así se los exigen. Su capacidad para entusiasmarse y disfrutar se vigoriza, al grado de que les es difícil ver las cosas con objetividad.

Pueden actuar explosivamente y alternar el entusiasmo y la depresión en forma impredecible, con drásticos cambios de humor. Les hace falta capacidad para sopesar los hechos con serenidad a la luz de una lógica sistemática y para persistir en sus propósitos hasta traducirlos en hechos.

El fuego actúa por inspiración, respondiendo con efusividad y de inmediato. En cambio, el agua primero procesa en su interior y, aunque puede llegar a expresarse con vehemencia, lo hace como reacción y no por iniciativa.

Si el agua prevalece, se imponen los sentimientos de minusvalía y el temor a expresarse, pero si es el fuego quien lo hace, gana terreno la autoafirmación, aunque actúa con brusquedad y sin consideración a las necesidades emocionales. El equilibrio entre estas dos formas de actuar puede generar una gran capacidad para emprender con firmeza y sensibilidad hacia las necesidades ajenas, brindar calidez y apoyo, compañía impulsora y protección.

A menudo, es buena combinación para atender asuntos comerciales, en particular en ventas, pues estas personas tienen la autoconfianza que se requiere para seguir tocando puertas y la calidez adecuada para motivar la compra. Además, podemos encontrarlos en el mundo del espectáculo, donde proyectan una personalidad efusiva y convincente.

Cuando existe la preponderancia de **fuego** y **tierra**, se da un choque entre la acometividad y la desconfianza. El fuego impulsa y la tierra contiene, de lo que puede resultar algo así como no saber si avanzar o detenerse. Mientras no se establezca el equilibrio entre los dos polos, puede haber una alternancia entre periodos de pesimismo y de euforia. Sin embargo, si se entrelazan provechosamente, puede resultar un equilibrio muy productivo, pues se combina la iniciativa, la creatividad y la capacidad para concretizar los esfuerzos. Estos individuos tienen aptitud para encauzar y conservar su vitalidad y entusiasmo hacia ambiciones específicas. Se puede producir un punto medio entre el orgullo y la humildad, entre la generosidad y la mezquindad.

La presencia de la tierra reviste de paciencia y disciplina al fuego, en tanto que éste proporciona la fe y la autoconfianza de la que carece aquélla, lo que la hace una combinación ideal para enfrentar grandes empresas.

Estas personas aman y disfrutan el trabajo, en especial en el momento en que ven culminados sus objetivos. La combinación otorga capacidad para emprender y llevar a cabo, por lo que es el perfil característico de emprendedores, a no ser que prevalezca la tierra y entonces la autoconfianza decrece.

169

Tal vez el principal problema de esta combinación es que ambos elementos son secos y ello se traduce en tosquedad e insensibilidad a las necesidades humanas, por lo que a veces pasan por encima de los demás en su afán de conquistar sus metas.

Las personas que se integran básicamente por **aire** y **agua** llevan dentro de sí la predisposición de pensar, al mismo tiempo que la necesidad de sentir, por lo que viven en una constante pugna interior. Una mayor carga de aire ocasionará que los sentimientos estén continuamente pasados por el tamiz del pensamiento y estén limitados para expresarse con inmediatez y espontaneidad. Una mayor cantidad de agua genera que los procesos mentales se contaminen con las emociones y, en consecuencia, pierdan objetividad. La persona no puede pensar de manera imparcial.

Si el individuo logra compatibilizarlas, esta combinación le ayuda a hacerse consciente de lo que siente; puede darse cuenta de sus emociones, pero sin negarles su derecho a expresarse. De esta forma, la persona puede explicarse lo que siente emotivamente, y a la par, llegar a expresarse con calidez. Puede cultivar una imaginación fértil y creativa a la vez que ser capaz de entender y comprender, cualidades muy convenientes para quienes se dedican a tratar con la gente, sobre todo en condiciones de ayuda y curación.

Las personas que presentan preponderancia de **aire** y **tierra** poseen tendencias contrastantes entre la teoría y la práctica, entre la motivación a relacionarse abiertamente o a ser precavido y, acaso huidizo, del contacto humano.

Si se impone la tierra, las ideas estarán sujetas a criterios prácticos que se traducen en hechos logrados con estrategia y planificación inteligente. El sujeto será capaz de establecer relaciones duraderas y sólidas.

Si prevalece el aire, la apreciación de los hechos deberá sujetarse a patrones formales basados en condiciones abstractas y conceptuales, acaso con menor eficacia práctica; los contactos humanos serán más idealizados y tocarán menos fondo.

La compatibilización de estos elementos genera un individuo capaz de utilizar la estrategia para llevar adelante sus planes, alguien que se conecta con los demás mediante cuestiones prácticas e intereses comunes, aunque careciendo de cercanía emocional. Es una persona dada a la premeditación, con una inteligencia práctica y una lógica medianamente fría. No actúa ni impulsiva ni efusivamente y desconfía de aquellos que lo hacen. Es una buena combinación para mandos medios en las organizaciones.

Las personas con una sobrecarga conjunta de **agua** y **tierra** tienden a vivir ensimismadas; procuran ir a lo profundo de sus experiencias y actúan con seriedad. Son muy trabajadoras, al grado de que se sienten incómodas si no llevan alguna carga, sea emocional o de trabajo. Están atentas a satisfacer sus necesidades de sobrevivencia y de seguridad.

Su autovaloración está ligada a la cuantía de sus recursos materiales por lo que gran parte de su energía se concentra en el objetivo de mantenerlos o incrementarlos.

Demuestran fuerte apego al dinero, los bienes, el trabajo, su pareja y a otros factores de seguridad. Su necesidad de certidumbre los conduce a actuar con gran cautela, a ser acumulativos, avaros y codiciosos y, desde luego, a manipular a los demás. En la medida de lo posible no toman riesgos.

No se enfrentan de lleno a los problemas, pero son capaces de sobrevivir aun en las condiciones más difíciles. Están orientados hacia el pasado y se muestran temerosos ante el presente y el futuro, lo cual se aprecia en su fuerte apego a las tradiciones, la familia, el hogar y los padres, así como por estar condicionados por hábitos, miedos y sentimientos de los que les resulta difícil desprenderse.

Acusan una falta de ideales, de fe, de entusiasmo y pensamiento positivo, por lo que se expresan con pesimismo, preocupación y melancolía. Pueden sentirse afectados por diversos padecimientos, por lo que cuidan al extremo su alimentación e higiene, temiendo ser presa de gérmenes patógenos.

Como se ha dicho, cada ser humano está constituido por una mezcla variable de los cuatro elementos astrológicos. Para conocer la proporción de cada uno de los elementos, debemos analizar la carta natal y observar en qué signo se halla emplazado cada uno de los diez planetas, así como el ascendente y el planeta regente del ascendente.

Así, si el Sol está en Acuario, habrá que considerar un determinado puntaje de aire; si la Luna está en Sagitario, habrá que ubicarla bajo el elemento fuego. Si Venus está en Escorpio, desde luego habrá que clasificarla en agua, etcétera.

Si el ascendente es Piscis, habrá una puntuación para el renglón de agua, pero también debemos considerar al planeta regente del ascendente, que en este caso es Neptuno. Por lo tanto, buscamos en qué signo está Neptuno y si fuese, por ejemplo, en Capricornio, ponemos ciertos puntos en tierra. Adicionalmente, consideraremos a Neptuno como planeta, independientemente de su función como regente del ascendente.

Asignamos cierta puntuación en función de los siguientes razonamientos: las luminarias, es decir el Sol y la Luna, son los significadores más importantes de la carta, por lo que les atribuimos 5 puntos. El ascendente y su planeta regente son los significadores de mayor relevancia después de las luminarias, por lo que les otorgamos 4 puntos.

El ascendente es el signo que se encuentra ubicado en la cúspide o inicio de la primera casa. El regente del ascendente es aquel planeta que rige al signo zodiacal en el cual se está dicho ascendente. El planeta regente del ascendente es tomado en cuenta dos veces: una en su calidad de regente (con 4 puntos) y otra como planeta en sí (con los puntos que le correspondan por sí mismo). De esta manera, tenemos que si el ascendente se ubica en Aries, su planeta regente es Marte. Así sucesivamente: en Tauro, el regente es Venus; en Géminis, el regente es Mercurio; en Cáncer, el regente es la Luna; en Leo, el regente es el Sol; en Virgo, el regente es Mercurio; en Libra, el regente es Venus; en Escorpio, el regente es Plutón; en Sagitario, el regente es Júpiter; en Capricornio, el regente es Saturno; en Acuario, el regente es Urano; finalmente en Piscis, el regente es Neptuno.

Los planetas personales que son Mercurio, Venus y Marte, les siguen en importancia al ascendente y al regente del ascendente, por lo que les asignamos 3 puntos. Después están los planetas sociales, Saturno y Júpiter a los que les damos 2 puntos.

Por último, los planetas generacionales (Urano, Neptuno y Plutón), que por el hecho de pasar varios años en un mismo signo, son compartidos por millones de personas. Toda una generación está imbuida de su carácter, por lo que, de manera general, no presentan gran relevancia en la formación de la individualidad y, por este motivo, les asignamos 1 punto.

Como se aprecia, el criterio es el de la mayor a la menor relevancia de un planeta en la carta natal.

En el formato que aparece a continuación, lo primero que procede anotar es el valor de cada significador, sea planeta, regente o ascendente con base en el signo en que se localiza. Luego, se suma a la derecha cada renglón por signo. Le sigue, a su vez, la suma de los puntos anotados para cada uno de los tres signos de cada elemento, para obtener el total de puntos por elemento. Así sabremos cuánto peso tiene el fuego, el aire, el agua y la tierra en el sujeto. Al final del formato, se presenta un cuadro de síntesis y control, en el que se anota la puntuación de cada elemento para sumar, por una parte, los que son de polaridad positiva y, por la otra, los de polaridad negativa.

En un renglón aparece la cifra 34, para verificar que la suma total sea esta cantidad precisamente. Si no arroja este resultado, debe haber algún error.

Si dividimos 34 puntos entre los cuatro elementos, obtenemos 8.5 como promedio. Esto implica que las cifras del análisis para cada elemento por encima de este número reflejan una presencia destacada y, en cambio, por debajo de él, indican cierta carencia.

Para la identificación de los signos y de los planetas, a continuación se muestran los símbolos correspondientes: Planetas: Sol ☉, Luna ☽, Mercurio ☿, Venus ♀, Marte ♂, Júpiter ♃, Saturno ♄, Urano ♅, Neptuno ♆ y Plutón ♇.

Signos: Aries ♈, Tauro ♉, Géminis ♊, Cáncer ♋, Leo ♌, Virgo ♍, Libra ♎, Escorpio ♏, Sagitario ♐, Capricornio ♑, Acuario ♒ y Piscis ♓.

Nombre: carta hipotética de ejemplo

Fuego	Sol	Luna	ASC	Reg. del ASC	Mer-curio	Ve-nus	Marte	Júpi-ter	Satur-no	Ura-no	Nep-tuno	Plu-tón	
(puntuación)	5	5	4	4	3	3	3	2	2	1	1	1	TOTAL
Aries						3							3
Leo													0
Sagitario													0
									Puntuación total de fuego				3

Aire	Sol	Luna	ASC	Reg. del ASC	Mer-curio	Ve-nus	Marte	Júpi-ter	Satur-no	Ura-no	Nep-tuno	Plu-tón	
(puntuación)	5	5	4	4	3	3	3	2	2	1	1	1	TOTAL
Géminis													0
Libra		5		4									9
Acuario	5						3	2			1		11
									Puntuación total de aire				20

Agua	Sol	Luna	ASC	Reg. del ASC	Mer-curio	Ve-nus	Marte	Júpi-ter	Satur-no	Ura-no	Nep-tuno	Plu-tón	
(puntuación)	5	5	4	4	3	3	3	2	2	1	1	1	TOTAL
Cáncer		4											4
Escorpión													0
Piscis													1
									Puntuación total de agua				5

Tierra	Sol	Luna	ASC	Reg. del ASC	Mer-curio	Ve-nus	Marte	Júpi-ter	Satur-no	Ura-no	Nep-tuno	Plu-tón	
(puntuación)	5	5	4	4	3	3	3	2	2	1	1	1	TOTAL
Tauro													0
Virgo									2				2
Capricornio					3								4
									Puntuación total de fuego				6

Resumen:	Fuego	3	23
	Aire	20	
	Agua	5	
	Tierra	6	11
	Total	34	34

A continuación presentamos un ejemplo para ilustrar la forma en que se efectúa el análisis elemental del mapa natal. Los datos de nacimiento son hipotéticos.

El mapa natal a analizar, es el siguiente:

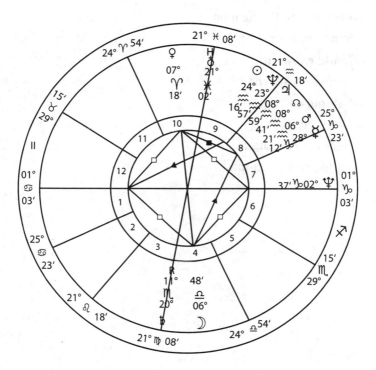

Los datos que arroja la carta, son:
— El Sol en Acuario
— La Luna en Libra
— Ascendente en Cáncer
— El regente del ascendente es la Luna, en Libra
— Mercurio en Capricornio
— Venus en Aries
— Marte en Acuario
— Júpiter en Acuario
— Saturno en Virgo
— Urano en Piscis
— Neptuno en Acuario
— Plutón en Capricornio

ANÁLISIS ELEMENTAL DEL MAPA NATAL

Nombre: _____

FUEGO	SOL	LUNA	ASC	REG. DEL ASC	MER-CURIO	VE-NUS	MARTE	JÚPI-TER	SATUR-NO	URA-NO	NEP-TUNO	PLU-TÓN	
(puntuación)	5	5	4	4	3	3	3	2	2	1	1	1	TOTAL
Aries													
Leo													
Sagitario													

Puntuación total de Fuego

AIRE	SOL	LUNA	ASC	REG. DEL ASC	MER-CURIO	VE-NUS	MARTE	JÚPI-TER	SATUR-NO	URA-NO	NEP-TUNO	PLU-TÓN	
(puntuación)	5	5	4	4	3	3	3	2	2	1	1	1	TOTAL
Géminis													
Libra													
Acuario													

Puntuación total de Aire

AGUA	SOL	LUNA	ASC	REG. DEL ASC	MER-CURIO	VE-NUS	MARTE	JÚPI-TER	SATUR-NO	URA-NO	NEP-TUNO	PLU-TÓN	
(puntuación)	5	5	4	4	3	3	3	2	2	1	1	1	TOTAL
Cáncer													
Escorpión													
Piscis													

Puntuación total de Agua

TIERRA	SOL	LUNA	ASC	REG. DEL ASC	MER-CURIO	VE-NUS	MARTE	JÚPI-TER	SATUR-NO	URA-NO	NEP-TUNO	PLU-TÓN	
(puntuación)	5	5	4	4	3	3	3	2	2	1	1	1	TOTAL
Tauro													
Virgo													
Capricornio													

Puntuación total de Fuego

Resumen:		
Fuego		
Aire		
Agua		
Tierra		
Total	34	34

179

El resultado del análisis de la carta revela los siguientes resultados:

fuego 3, aire 20, agua 5 y tierra 6.

Como podrá apreciarse, se trata de una persona que tiene como elemento preponderante el aire con 20 puntos, seguido de tierra con 6.

Si consideramos un promedio de 8.5 puntos, la presencia de aire es notable; en cambio, los otros tres elementos están por debajo: tierra con 6 puntos, agua con 5 y fuego con 3.

Con base en lo que hemos explicado, la persona dueña de la carta sería alguien que se vería continuamente confrontado entre los contenidos teóricos de su mente y la realidad objetiva. Su actividad mental y social prevalece, por lo que necesita deslizar sus ideas y comunicarlas. Es una persona mentalmente creativa. El contenido de tierra le ayuda un poco a no construir castillos en el aire, sino a plantear situaciones más o menos realistas.

Es un individuo muy interesado en las corrientes de pensamiento, en la cultura, en las ideas de avanzada, ya que su carga acuariana es importante. Tiende a idealizar a las personas y sus relaciones, es decir, a imaginarlas de una cierta manera sin que considere lo que verdaderamente son. Esto le traería desilusión al tener una convivencia más cercana, pues descubriría que no son como las imaginó. Su regular porción de tierra le ayuda a que esta situación no sea tan pronunciada.

El hecho de que la porción de agua esté por debajo del promedio, nos hace pensar en alguien que tiene cierta limitación para expresar sus emociones y afectos. Por la carga de aire, estará más propenso a decir lo que piensa, en detrimento de lo que siente emocionalmente. Si se relaciona con una persona que demanda ser emotivamente estimulada y tenida en cuenta, a ésta le habrá de parecer que no la comprende.

La menor carga de fuego, podría manifestarse como carencia de motivación y de confianza en sí mismo. Le faltaría empuje para impulsar sus proyectos y, en todo caso, la ejecución de éstos sería más producto de la autodisciplina y del deber ser, que del entusiasmo y el arrojo.

Relaciones de pareja de identidad y contrastante

En función de los elementos preponderantes que aportan los miembros de una pareja, podemos hablar de cuatro modalidades de relación: de identidad, contratantes, complementarias y conflictivas.

Las **relaciones de identidad** se dan entre personas que tienen muy acentuado el mismo elemento. Esto origina que se compartan intereses y se observe la vida desde el mismo ángulo.

En una relación así, las personas tienen en el otro un espejo en el cual pueden verse de manera continua. Aquello que les agrada de sí mismos, lo aprecian e incluso lo admiran en su pareja, pero, a la a vez, aquello que les disgusta, lo critican, acusan y rechazan en el otro. Puede traer consigo gran aprecio por el otro, aunque, también, acusaciones mutuas.

Uno de los principales problemas de quienes pertenecen al mismo elemento es que tienden a pecar de los mismos defectos y a competir por las mismas virtudes, con lo que se puede caer en excesos y rivalidades. El mecanismo de proyección que se pone en juego llega a generar confusión entre los miembros de la pareja, al no saber si soy yo o el otro el que actúa, mostrando la tendencia muy humana de proyectar en el otro lo que uno ha remitido al costal de la sombra, es decir, lo que uno niega de sí mismo.

Este tipo de relación hace posible el enriquecimiento mutuo si cada parte se ve a sí misma al estar observando a la otra. El estilo y contenido de la dinámica de esta modalidad se basan en el elemento más destacado que se comparte.

En las **relaciones fuego/fuego** está presente un elemento caliente y seco, con un temperamento expansivo y abierto, pero tirante, así como una gran alegría de vivir y el interés de imponer al otro su voluntad.

Los miembros de este vínculo son extrovertidos, pero intolerantes. Se caracterizan por un comportamiento irreflexivo, producto de la inspiración, que se expresa como llamaradas que suben y bajan sin aparente motivo, resultante de la ebullición que se mueve dentro de ellos.

Se expresan con intensidad y comparten el estímulo de la acción, mas carecen de cautela y sentido práctico. Desatienden sus responsabilidades y obligaciones con facilidad. Son extravagantes y viven el momento. Quieren dominar a los demás, por lo que en una relación fuego/fuego la persona con menor fortaleza se ve forzada a ocupar un lugar subalterno, lo cual le producirá una continua frustración. Su problema máximo reside en la permanente lucha de poder que se establece entre ellos.

Esta relación suele iniciarse con gran entusiasmo, pues ambos "se prenden súbitamente". La atracción ocurre a primera vista, en especial si son del mismo signo, ya que se ven muy reflejados el uno en el otro, pero a largo plazo entran en combustión y se producen peleas.

Necesitan margen para expresarse y expresar su propia individualidad. Los dos esperan y sienten admiración por parte del otro, por lo que pueden llegar a idealizarse mutuamente. Comparten proyectos en los que se haga evidente su brillo personal. Se divierten juntos en actividades que impliquen dinamismo y algarabía.

Pueden tener una intimidad emocionante y fogosa. Ambos inician el sexo con intensidad y creatividad. Su entusiasmo por la vida y sus fantasías son tan extraordinarias que pueden arder en una intensa hoguera de pasiones; no obstante, como requieren constantemente de nuevas conquistas, son fácilmente atraídos hacia otras personas.

La sospecha y los celos pueden minar la relación. En este aspecto, Leo suele ser el más estable de los tres. Con el paso del tiempo, pueden incendiarse mutuamente por su impulsividad y cada uno acusará al otro del caos resultante. Las probables agresiones hacen previsible un final violento.

Para crear una relación provechosa, deben utilizar su recíproca proyección para observarse a sí mismos y autodescubrirse. Deben aprender a reconocer las necesidades del otro. En vez de tratar de imponer su voluntad, deberían emplearla para obtener autodominio, sobre todo para controlar su impulsividad.

A menos que tengan planetas en el signo de tierra, es recomendable hacerse ayudar para poner los pies en el suelo, pues, de otra forma, pueden comportarse en forma inmadura toda la vida y desperdiciar su enorme capacidad.

Las **relaciones aire/aire**, participan de un elemento caliente y húmedo que tiene un temperamento expansivo y tolerante. Comparten una percepción idealizada del mundo y el interés por ponerse en contacto verbal con los demás.

Se trata de personas extrovertidas, orientadas a producir con su mente y a comunicar sus pensamientos, en un marco de condescendencia hacia los puntos de vista divergentes. Aunque les encanta discutir, son poco propensos a tener peleas complicadas, pues prefieren la armonía y la paz. Procuran tener una vida social intensa y están interesados en el cultivo de lo intelectual, la cultura y la civilización.

Ninguno de los dos tolera el aburrimiento o la monotonía, ni las escenas de celos. Ambos necesitan sentirse libres de explorar y experimentar por lo menos en su fantasía y sentir que nadie los controla. Esta combinación es muy romántica, si por ello entendemos la retórica de la palabra. Su relación es más bien cerebral e idealizada. Es posible que pierdan mucho tiempo teorizando acerca de la relación o buscando los toques románticos, pero pueden cansarse porque ambos adoptan posturas veleidosas.

Su vinculación mediante los sentimientos y las sensaciones corporales es escasa, por lo que requieren de acciones sutiles y un ingrediente de fantasía para cultivar su erotismo. En consecuencia, procuran crear un ambiente sugerente y propicio para hacer el amor.

Como el aire es muy inquieto, su relación puede tener una serie de altibajos con separaciones y reconciliaciones y, en medio de éstas, flirteos casuales que, por lo regular, no producen daños significativos. Demandan variedad y estimulación. Para evitar la monotonía, procuran abastecerse de otras compañías.

Al inicio de su relación, sus demostraciones de inteligencia y la variada información que comparten los lleva a motivarse mutuamente. Quienes los miran se quedan con la impresión de que forman una pareja envidiable, especialmente por los lazos de comunicación que se observan entre ellos.

Debido a que su vinculación es cerebral y verbal y que sus ideas usualmente se quedan sin concretar, con el tiempo los dos llegan a acusarse de hablar mucho y hacer poco; sin embargo, es previsible que se mantengan juntos si no descuidan sus necesidades materiales.

En las **relaciones agua/agua**, los involucrados se vuelcan hacia dentro de sí mismos y viven sus emociones con intensidad y profundidad, evitando en lo posible la confrontante realidad externa. El agua es un elemento húmedo y frío, que se expresa por medio de un temperamento tolerante e intro-

187

vertido; su principal característica es disfrutar del flujo y reflujo de sus sentimientos, procurando que este oleaje nunca termine. Tienen especial afición al ensueño provocado por la música, la poesía, el cine, la novela y el teatro y todo lo que tenga que ver con el vaivén de la emotividad. Para ellos, son muy importantes la patria, la familia y el hogar.

Debido a su extraordinaria sensibilidad y susceptibilidad, suelen perciben el mundo como algo amenazante. Ante ello, despliegan una destacable capacidad para apoyarse y protegerse mutuamente.

Al cultivar todos estos ingredientes, se perciben gratificados y bendecidos y la vida les parece maravillosa. Su satisfacción deriva de la simbiosis que surge entre ellos de manera espontánea. A pesar de ello, así como se refuerzan uno al otro para intensificar el gozo, igualmente se dañan para exacerbar el dolor. Su lecho de amor es un lugar lleno de fantasías, erotismo y placer, pero, cuando languidecen, se apaga la pasión y la sexualidad.

Al aparecer las partes oscuras de su personalidad, su sensibilidad perjudica la relación y se convierte en un verdadero martirio. Existe entre ellos un compromiso afectivo intenso, pero también suelen engancharse en sus miedos, inseguridades y resentimientos.

Las personas de agua poseen la tendencia a transformar sus padecimientos emocionales en síntomas físicos. Sus fobias, sinsabores y culpas se expresan como malestar corporal.

Les es difícil expresar sus emociones por medio de las palabras, por lo que su comunicación profunda es más bien de carácter no verbal, lo que a veces da lugar a confusiones y equívocos.

Ante la dificultad para hacer valer sus necesidades, su autoestima se ve golpeada y fácilmente suelen sentirse incomprendidos, siendo insuficiente su capacidad para reflexionar con objetividad. Ante ello, van acumulando rencores y resentimientos con facilidad; sin embargo, la gente de agua es poco dada a las rupturas y pueden continuar su relación aunque ya esté dañada. Prefieren permanecer juntos, antes que enfrentar solos las heridas que les produciría el rompimiento. Por agraciada o difícil que sea su relación, ninguno de los dos está dispuesto a cortar los lazos; más bien, esperan que las circunstancias se encarguen de romperlas o que la otra persona los empuje por un callejón sin salida, para así justificar el haber sido victimados. A no ser que uno de los dos tenga una dosis de aire o de fuego, esta situación puede permanecer estancada durante años.

Quienes tienen gran cantidad de agua deben tomar distancia de sus emociones de vez en cuando. Esto es difícil para dos personas de agua juntas, pues se enganchan el uno con el otro y les cuesta trabajo salir al exterior de sí mismos y entrar en contacto con la realidad objetiva.

Las parejas **tierra/tierra** comparten el realismo, su interés por lo material y por los hechos de la vida diaria. Buscan su seguridad mediante atesorar bienes tangibles. La tierra, por ser seca y fría, se manifiesta como un temperamento intolerante e introvertido. El valor de su esfuerzo se mide por el rendimiento material. Son aficionados al trabajo arduo y productivo, sobre todo si lo llevan a cabo juntos y les asegura acrecentar sus posesiones.

Los cinco sentidos son los únicos canales válidos para percibir y apreciar la realidad circundante. No son dados a la especulación intelectual ni a demostraciones emotivas. Para ellos, la experiencia es el mejor método de aprendizaje y de valoración.

No son afectos a los cambios. Procuran mantenerse dentro de los márgenes conocidos antes que aventurarse más allá, aunque prometa ser algo mejor. Prefieren que sus vidas sean predecibles, sin dejar mucho margen para las sorpresas.

Son muy conscientes de sus responsabilidades y procuran utilizar su tiempo provechosamente. Cualquier distracción o diversión son consideradas como pérdida de tiempo. Practican el orden y la puntualidad.

Tratan su cuerpo con pulcritud, gracias a la limpieza, el ejercicio y una adecuada alimentación. Visten de manera cuidadosa aunque discreta, pues les desagradan las estridencias y las extravagancias. Caracteriza a esta relación el compañerismo, la confianza, la fidelidad, la certidumbre y el respeto. Tratan de mantener todo bajo control, pues no les gusta correr riesgos, por lo que son previsores y planean con detalle la consecución de sus objetivos. Como no les agradan las sorpresas y los cambios, caen fácilmente en la rutina.

Su apariencia es seria, formal y reservada, sin que asome expresión alguna de emotividad y sentimiento. Tienden a compartir el pesimismo y el temor a sufrir deterioros imprevistos en su salud y economía. Les hace falta vivacidad y el regocijo para animar su convivencia.

Su vida afectiva se finca en la corporalidad, pero sin fogosidad ni estímulo, por lo que su vida sexual llega a ser aburrida y poco gratificante. La tentación de tener otra pareja que les aporte estímulo y emoción está a flor de piel, pero su necesidad de seguridad hace que la eviten. En el fondo, sueñan con aventuras románticas, mas su miedo a los vaivenes y a los riesgos los frenan una y otra vez. Este esquema de relación puede ser duradero, pues ambos se brindan solidez y la seguridad.

Las **relaciones contrastantes** ocurren entre el fuego y la tierra y entre el aire y el agua. Estos elementos comparten una misma cualidad y, a la vez, tienen otra que es discordante. El fuego y la tierra son secos, es decir intolerantes, pero uno es caliente (expandido) y el otro frío (retraído). El aire y el agua son húmedos, pero igualmente, uno es frío y el otro caliente. Su afinidad es relativa. No son completamente armoniosos, aunque tampoco son abiertamente conflictivos.

Las personas que se relacionan bajo este esquema comparten un espacio de similitud y otro dual de complementación y divergencia. La similitud está dada por ostentar una misma cualidad. La complementación divergente se da en función de que poseen atributos opuestos, algo que uno tiene y el otro no, pero que al unirse les proporciona oportunidades holistas, es decir, de completamiento.

En su espacio de similitud, se sirven de espejo, pues ven reflejado en su compañero aquello que les agrada y también lo que les disgusta de sí mismos. Así, tienen oportunidad de observarse, apreciarse y criticarse en la imagen del otro.

Por otra parte, en su esfera de complementación y contraste, tienen la posibilidad de compartir aquello que poseen o que les falta. Con la presencia del fuego, la tierra puede observar y aprender la autoconfianza, el entusiasmo y la chispa de que adolece. Con la compañía de la tierra, el fuego puede instruirse en cualidades que no posee: la objetividad, la constancia y la atención a sus necesidades físicas.

Como en cualquier otro tipo de relación, el estilo y contenido de su dinámica de interacción están dados por los elementos preponderantes que específicamente posee cada persona. Adicionalmente, en función de las tareas que nos asigna la sociedad en que vivimos, también es indispensable considerar si es el hombre o la mujer quien tiene uno u otro de los elementos. Por ejemplo, si el hombre aporta la tierra y la mujer el fuego, ella será quien domine la relación. En la **relación fuego/tierra**, algunos de sus valores y conductas son discordantes-complementarias, pero otros, en cambio, afines.

El fuego tiende a vivir el presente con alegría y despreocupación, en tanto que la tierra se contrae, por lo que debe cargar con las responsabilidades, atada al pasado y con permanente preocupación por lo que pudiera suceder. Así, el fuego se ve confrontado por el sentido práctico de la tierra, y ésta se siente desafiada por la vida disipada y a veces irresponsable del fuego.

Al fuego le gusta la acción y el protagonismo; a la tierra, la pasividad y quedar en segundo plano. La persona de fuego se nutre de circunstancias espontáneas que no tienen un propósito predeterminado, mientras que la persona de tierra prefiere resultados tangibles y planificados. Para que la relación sea constructiva o duradera, el fuego deberá aportar entusiasmo, valor, optimismo y alegría, mientras los razonamientos, la prudencia, el método y la organización deben correr por cuenta de quien pertenece al elemento de tierra.

En cuanto a sus puntos de afinidad, ambos comparten resequedad, que los hace comportarse con brusquedad, falta de tacto y carencia de expresividad emocional. Ninguno tolera puntos de vista divergentes, pues tienen criterios determinantes, uno en función de la inspiración del momento y otro con base en su experiencia, pero al fin, ambos dejan poca oportunidad a la disidencia.

Lo anterior es válido para los signos mutables de fuego y tierra, es decir de Sagitario y Virgo, tanto como para los signos cardinales Aries y Capricornio o, incluso, entre los fijos

Leo y Tauro. Es sorprendente el atractivo que ejercen estos pares de signos entre sí, pues al ser antitéticos funcionan como imán.

En la primera etapa de la relación fuego/tierra, el fuego se siente atraído por la fuerza, prudencia y consistencia de la tierra y ésta por el carisma, autoconfianza y generosidad de aquél. Por medio de su interacción, el fuego frena su extravagancia y saca a la tierra de sus depresiones, en tanto que ésta experimenta diversiones poco exploradas y consiente los caprichos infantiles y los errores de aquel. No obstante, llega el momento en que el fuego se exaspera con la disciplina, cautela y laboriosidad de la tierra y ésta no está dispuesta a aceptar más la irresponsabilidad y la impulsividad del fuego.

El fuego encuentra a la tierra demasiado lenta, temerosa y hosca, con una personalidad gris y poco a poco va aburriéndose de ella. La tierra siente al fuego abrupto, agresivo e insensible.

Al inicio, la vida sexual fue mutuamente estimulante, pero, pronto, la tierra descubre que el fuego es demasiado atrevido y brusco y el fuego percibe a la tierra sosa y carente de erotismo.

Entonces, se produce la crisis. Los puentes de comunicación se vuelven difíciles de traspasar. Si no queda un trasfondo afectivo y la buena disposición para cambiar, la ruptura está enfrente. El fuego debe afrontar la realidad objetiva y hacerse responsable de sus aspiraciones y actos. Por su parte, la tierra deberá tomar riesgos y dejar de atrincherarse en la rutina y la pretendida seguridad.

194

Si cada uno se atiene a su limitado y peculiar estilo, irán apartándose cada vez más. El fuego aumentará su hostilidad y percibirá a la tierra más insensible y desabrida. La tierra pondrá un alto a la irresponsabilidad y la impulsividad del fuego. Éste explotará contra la disciplina y la temerosa cautela de la tierra.

Si asumen el camino de la complementación, podrán apoyarse mutuamente y crecer juntos. La tierra podrá mostrar al fuego la forma de manejar la realidad externa, le enseñará a tomar precauciones, a ser paciente, a frenar la extravagancia. El fuego impulsará a la tierra a que adquiera confianza en sí misma y se abra a tomar riesgos.

Puede ser determinante el elemento que predomina en el hombre y en la mujer. Por naturaleza, el fuego es masculino y la tierra, femenina. Las posibilidades de permanencia son mayores si la iniciativa, la direccionalidad y la extroversión radican en el hombre y la resistencia, el soporte y la constancia en la mujer.

Si la mujer es el fuego, es probable que el hombre se resienta, al ser exhibido socialmente como carente de mando y decisión. La mujer estaría ante un hombre pasivo y receptivo, lo cual podría serle cómodo, mas no suficientemente gratificante.

Igual que la relación fuego/tierra, la **relación aire/agua** entraña características afines por una parte, pero, por otra, de contraste y complementación.

La parte de discordancia complementariedad se deriva de que el aire es caliente o expansivo, en tanto que el agua se contrae por ser fría. El aire vive en el mundo del pensamiento y de la tertulia, muy lejos de toda consideración a la interioridad emocional. En cambio, el agua es todo sentimiento y no quiere saber nada de la especulación intelectiva y la sociabilidad. El aire gusta de exhibirse ante la gente, en tanto que el agua se entretiene en los rincones de la intimidad. Mientras la persona de aire vive proyectando hacía el futuro, la de agua se recrea en el pasado, la nostalgia o el romanticismo.

En cuanto a su ámbito de afinidad, ambos comparten la característica de la humedad, es decir, de la tolerancia y la consideración a la otra persona. Ambos son permisivos, aunque de manera diferente: el aire, considerando las opiniones del otro, en tanto que el agua, tomando en cuenta sus sentimientos.

En principio, el aire es atraído con fascinación por los sentimientos y el carácter intuitivo, comprensivo y nutriente del agua. Ésta admira la habilidad social, la capacidad de razonamiento y la agilidad mental del aire quien se siente interesado por escudriñar los irracionales cambios de humor del agua, mientras ésta se siente cautivada por la brillantez intelectiva y la versátil conversación del aire.

El aire no tiene contacto con sus sentimientos, mientras que el agua se consume en ellos. A pesar de todo, se sienten sumamente atraídos. El aire se fascina por los sentimientos fluentes del agua, su sensibilidad y discreción. El agua admira la facilidad con la que se despliega el aire, su capacidad de razonamiento y su agilidad mental.

A los dos elementos les encantan los requiebros románticos, así como las maniobras sexuales sutiles, aunque cada uno con su estilo: uno en la retórica y el otro en la ensoñación. Esta modalidad de relación tiende a un probable noviazgo largo debido a que ninguna de las partes se atreve a dar un paso definitivo.

Al cabo del tiempo, comenzará a manifestarse la gran diferencia en las prioridades de estos dos elementos. El agua requiere comprensión y estabilidad para poder funcionar bien, pero es poco probable que el aire pueda proporcionárselas. El aire intenta razonar con el agua, mas por lo general, no consigue entenderla y sus inquietudes reflexivas producen inseguridad en esta última.

A menudo, la fascinación inicial del aire por el carácter sentimental del agua, se convierte en crítica, reprochándole su comportamiento excesivamente emocional. La atracción que sintió el agua por el razonamiento y el vigor intelectual del aire se convierte en crítica por su forma de ser insensible y dura.

El aire llega a sentirse incapaz de circular libremente al verse atado a las tendencias posesivas del agua, por muy sutiles que sean; se frustra cuando trata de entenderla y, de modo parecido al fuego, queda abrumado por las escenas sentimentales. El agua termina por sentirse incomprendida y perseguida por los razonamientos incisivos del aire, que delibera largamente desmenuzando todo comportamiento. El aire no entiende al agua y se da por vencido. El agua se siente incomprendida, victimada y llora.

Por lo común, el aire es el primero en tomar distancia, dejando al agua en su función de amante desdeñado. El primero busca alguien con quien dialogar sobre lo que ocurrió. El segundo, se queda arrinconado y sintiendo que amó demasiado; pese a ello, para efectos del desarrollo personal, dicha combinación puede resultar provechosa: el agua puede aprender a moderar su sensibilidad y a adquirir conciencia y dominio sobre su emocionalidad mediante al discernimiento. El aire puede aprender a matizar su visión teórica del mundo acompañándola de contenidos afectivos y a relacionarse con calidez y empatía.

El aire ayuda al agua a tener presencia social y a objetivizar sus ideas y sus actos, mientras que el agua aporta al aire la vivencia de encariñarse con las personas, dejando de ser tan liviano y volátil en los compromisos adquiridos.

Esta modalidad de relación se asume de manera distinta de acuerdo con cuál es la energía que aporta el hombre y cuál la mujer. No hay que olvidar que el aire es de polaridad masculina y el agua, femenina.

En nuestro contexto, se ve más natural que el hombre sea de aire, porque aporta el dinamismo y contribuye con las ideas, en tanto que la mujer brinda la comprensión y la ternura. En condición inversa, podría resultar incómodo que el hombre tenga una disposición emocional y la mujer, el atributo intelectivo. El hombre sería introvertido y la mujer, sociable. Habrá que recalcar que esto sólo se basa en los modos sociales imperantes, pues la completud del ser humano implica, precisamente, la vivencia de la contraparte.

Relaciones de pareja complementarias y conflictivas

Las **relaciones complementarias** tienen lugar entre el fuego y el aire y entre el agua y la tierra. Una parte de la energía de estos elementos es afín y la otra no. En el caso del fuego y el aire, ambos son calientes (expansivos), pero uno es seco (rígido) y el otro húmedo (flexible). En el caso del agua y la tierra, ambos son fríos (contraídos), pero uno es húmedo (flexible) y el otro seco (rígido).

Por su ubicación natural en la rueda zodiacal, estos pares de elementos se localizan en el punto opuesto, por lo que se dice que son opuestos; sin embargo, también se señala que son complementarios, debido a que poseen la parte que a la otra le hace falta. Las personas que mantienen esta forma de relación poseen un aspecto de similitud y otro de oposición-complementación.

Por su similitud, las personas que mantienen esta condición se reflejan en el espejo de la conducta del otro, donde pueden apreciar lo que les agrada o les intimida de sí mismos; así, tienen ocasión de glorificarse y al mismo tiempo de reprocharse en la imagen del otro.

A la par, cuentan con la posibilidad de aprender de aquello que el otro tiene, pero de lo cual carecen. El fuego puede aprovechar las vivencias de reflexión, tolerancia y adaptabilidad de que adolece y que son característicos del aire. Éste se puede ver enriquecido por la valentía, la asertividad y la capacidad de liderazgo del fuego.

Por su parte, la tierra, con la compañía del agua, puede adquirir la sensibilidad, empatía y calidez que no posee, y el agua haría bien en asumir las capacidades de manejar la realidad objetiva, perseguir objetivos tangibles o conducirse con responsabilidad.

El carácter de la relación se define por los demás elementos específicos de cada miembro de la díada y habrá que poner en la balanza qué parte aporta el hombre y cuál la mujer.

En una **relación fuego/aire**, como ambos elementos son expansivos, las dos personas tienen una actitud expresiva, optimista y abierta. Las dos miran hacia el futuro. Disfrutan de la interacción, el entretenimiento, las novedades y las incursiones aventuradas. A ambas les disgusta el pesimismo y la rutina.

El fuego estimula al aire a llevar adelante sus ideas y a tomar decisiones. El aire inculca al fuego los modales refinados, el interés en la cultura y el arte. El fuego se siente atraído por la mente versátil y por las réplicas ingeniosas del aire y éste por la vehemencia y el liderazgo direccional de aquél.

El aire necesita entender lo que ocurre, socializar, intercambiar ideas y hacer tertulia, en tanto que el fuego quiere acción espontánea sin formalidades y actuar en público sólo si es el centro de atención.

La ágil imaginación del aire y las reacciones vigorosas del fuego se combinan dando como resultado una vida íntima mutuamente gratificante, que los mantiene interesados en permanecer juntos. Como ninguno guarda rencor por mucho tiempo, sobreviven a las riñas y altercados. Les gusta exhibir que disfrutan de una excitante sexualidad, plena de fantasía, creatividad y erotismo.

Como expone Thornton, el aire tiende a mantenerse a distancia de sus sentimientos; en cambio, el fuego actúa con apasionamiento e impulsividad. Al aire le es difícil tomar contacto con sus sentimientos y, al permanecer en su mundo mental, está más enamorado de su idea del amor que de la persona concreta, en tanto que el fuego cifra su interés en la expresión de la individualidad. Ambos elementos son inconstantes. El aire es cambiante, reflexivo e indeciso. El fuego también es inconstante, pero irreflexivo y determinante. Deben encontrar la forma de lograr un punto de equilibrio que les proporcione estabilidad.

Con frecuencia, el aire discierne sobre la actuación del fuego y lo define como brusco, falto de tacto y de diplomacia, cosa que al fuego no le gusta escuchar. Por su parte, el fuego le reprocha al aire su interminable cadena de análisis, que le lleva actuar dando sesgos, sin dirección definida y con dilación. El aire divaga en sus planteamientos teóricos sobre la realidad y retrasa sus decisiones; en cambio, el fuego no se detiene a consideraciones mentales y actúa de inmediato, por súbita inspiración.

Cuando surgen las dificultades, el aire proclama su habitual imparcialidad, dejando que el fuego se enfrente a los efectos de su conducta impulsiva. El fuego no puede comprender las prolongadas divagaciones del aire y lo abandona sumido en sus devaneos sin poder adoptar una postura. El fuego no se puede desapegar de su apasionamiento y juzga que el aire es demasiado conceptual en su afecto. Poco a poco, se van acumulando insatisfacciones debido a la divergencia de sus intereses, aunque ante la gente procuran dar una imagen de armonía y perfección.

Para lograr una relación provechosa, el fuego debe compartir los intereses de discernimiento y sociabilidad del aire y éste requiere de aprender a actuar con espontaneidad, sin pasar todo por el tamiz de su pensamiento.

La relación es previsiblemente más llevadera cuando el hombre es quien aporta la direccionalidad y el liderazgo del fuego y la mujer contribuye con la suavidad, modales finos y requiebros del aire. Al comentar esta modalidad de relación, Goodman expresa que el aire aviva al fuego y lo hace arder con más intensidad, estimulando el entusiasmo y la emoción o provocando la pasión y la cólera. A su vez, el aire puede aparecer más cálido y acariciante si el fuego le proporciona su calor. En cambio, si el fuego se excede, se consume el oxígeno del aire, dificultando la respiración y, a su vez, si hay demasiado aire, la llama languidece y se apaga.

En la **relación tierra/agua**, como ambos elementos son retraídos, ambas personas tienen una actitud reservada, cautelosa y enclaustrada. Los dos tienden a vivir en función de su pasado. Disfrutan de la soledad, las conductas habituales, los espacios sosegados y del placer de estar consigo mismos. A ambos les disgustan los cambios bruscos y la exuberancia.

Se atraen y tienen una natural inclinación a brindarse apoyo mutuo. La inseguridad y vulnerabilidad del agua es protegida por la estabilidad y la capacidad de manejo objetivo de la tierra. La resequedad emotiva de la Tierra se ve aliviada por la sensibilidad del agua. Ésta no se siente amenazada como cuando interactúa con fuego, ni agitada y confusa como cuando trata con el aire, sino acogida por la certidumbre y fortaleza de la tierra.

El agua puede dar el toque de sensibilidad y de ternura que la tierra demanda y que tanto le cuesta expresar. La tierra es el elemento que mejor soporta los frecuentes cambios de humor del agua y sabe mostrarse perseverante, lo que puede transmitirle a ésta el sentimiento de seguridad que requiere.

Por lo regular, ambos suelen tomarse su tiempo para hacer las cosas y detestan las prisas y tener una visión semejante acerca de la utilización de sus recursos. Los dos poseen un fuerte sentimiento de protección y de apoyo que los hace coincidir en temas como trabajo, economía, salud e hijos.

Ninguno quiere correr riesgos, uno por temor a ver disminuidos sus logros materiales y otro por la posibilidad de perder su precario equilibrio emocional.

La intimidad entre ellos es muy gratificante. El agua, sintiendo protegida su vulnerabilidad emocional, se predispone favorablemente para abrirse a la sexualidad. La natural timidez de la tierra tiene en el agua la pareja pasiva que necesita para desplegar su erotismo sin prisa ni angustia. La fidelidad de la tierra proporciona al agua el remanso que su fragilidad requiere.

Su dinámica de complementación tiende a convertirse en mutua dependencia, lo cual parece ser limitante, pero a la vez, los hace conservar una relación duradera, pues ambos sienten que han encontrado su media naranja.

Ésta puede ser una de las combinaciones más constructivas y fértiles, a menos que se dejen arrastrar por su mutua inclinación hacia la duda y el pesimismo. Si temen por su seguridad, ninguno de los dos es capaz de inspirar confianza en su desfalleciente pareja y corren a refugiarse dentro de sí mismos, acosados por sus preocupaciones y pensamientos negativos.

Para que esta relación aporte sus mejores frutos en términos de desarrollo personal, la pareja debe fortalecer la autoconfianza y adquirir de manera paulatina las cualidades que precisa tomar prestadas del otro. La persona portadora de tierra deberá ser capaz de reconocer, vivir y expresar su dimensión emotiva; quien lleve consigo el agua deberá adquirir certidumbre y realismo.

A la tierra le es difícil comprender los cambios de humor del agua y ésta llega a sentir a la tierra dominante y dogmática. La relación puede marchar bien si la tierra entiende los escasos intereses del agua por lo material y aprende a respetar la sensibilidad que le provoca altibajos tan poco racionales. Por su parte, el agua deberá hacer un esfuerzo por conducirse con realismo y ser menos soñadora.

Es más llevadera una relación en la que el hombre es de tierra, pues éste es quien a menudo debe mostrarse sólido y hacerse cargo de la manutención, en tanto que la mujer de agua proporciona una compañía nutritiva y sensible.

Goodman afirma que el agua busca un hogar y lo encuentra al penetrar en la tierra y humedecerla, lo que, a su vez, es una bendición para la tierra, porque la humedad le permite engendrar vida, ya que de otra manera permanecería seca y estéril.

Agrega, además, que si el agua carece de una porción de tierra para humedecer, su cauce está desprovisto de sentido y es igualmente inútil. Así, estos dos elementos están destinados a necesitarse mutuamente; pero un exceso de agua puede crear un lodazal o una ciénega y una dosis demasiado pequeña corre el riesgo de desaparecer.

Las **relaciones conflictivas** tienen lugar entre personas cuyos elementos son contrapuestos, como ocurre entre el fuego y el agua y entre el aire y la tierra. En ambos casos, no hay coincidencia alguna entre las cualidades elementales. En las relaciones de identidad, como los elementos son los mismos en la pareja, ésta posee las mismas características. En las relaciones contrastantes y en las opuestas complementarias, por lo menos se comparte una porción; pero ahora se trata de modalidades completamente diferentes.

El fuego es caliente y seco y el agua, fría y húmeda. El fuego es extrovertido y tenso, en tanto que el agua es introvertida y tolerante.

Por su parte, el aire es caliente y húmedo, en tanto que la tierra es fría y seca. El aire se expande y la tierra se contrae; el aire es tolerante y la tierra inflexible.

Son precisamente estos grandes contrastes los que se atraen y así hallamos a un sinnúmero de parejas compartiendo sus vidas en estas circunstancias.

Primero, analicemos la **relación fuego/agua**. El fuego es masculino y el agua, femenina. Éste es el punto básico de su atracción; no obstante, si consideramos el comportamiento físico de estos elementos, observaremos que el fuego y el agua, al instante en que se ponen en contacto, luchan entre sí. Si el fuego es aplastante, el agua sale huyendo en forma de vapor, pero si es el agua la que impera, el fuego se apaga. Sin embargo, en un punto medio, tenemos agua caliente, que es capaz de reblandecer y sublimar.

El punto de atracción entre el fuego y el agua está dado por el contraste de cualidades y por la proyección de sus carencias. El fuego se vierte hacia fuera sin tomar en cuenta su entorno, es brusco y actúa en un marco de luz. El agua es condescendiente y benévola y actúa en el marco de la interioridad. El fuego se procura el placer y se aleja o niega el dolor. El agua anhela pasivamente el encuentro con el placer, pero está predispuesta a vivir en forma doliente.

La brusquedad del fuego es contrastada con la capacidad del agua para ser complaciente y comprensiva. El agua ve al fuego muy involucrado en sus pasiones y el éste encuentra a aquella evadiendo toda acción externa.

Las personas de fuego se muestran seguras de sí mismas y siempre quieren ser el centro de atención; las de agua temen ser lastimadas y desean permanecer en la sombra. Las de fuego viven de cara hacia el futuro y sus proyectos, mientras que las de agua miran más hacia el pasado y se recrean en sus recuerdos.

El fuego es expresivo, mas carece de la sensibilidad maternal del agua. El fuego es espontáneo, en tanto que el agua sólo balbucea. El agua empatiza y acompaña, en tanto que el fuego se expresa sin consideraciones. El fuego es optimista y el agua vive acompañada de temor. El fuego vence atacando; el agua, cediendo.

Las personas con una fuerte carga de fuego son irreflexivas y egocéntricas, pero perdonan y olvidan con facilidad; son independientes y se sienten agobiadas cuando se les requiere y sujeta. Son capaces de demostrar afecto, aunque no precisamente cuando los demás lo necesitan.

En cambio, los individuos del elemento agua son sensibles y vulnerables. Cuando se les hiere, siguen rumiando y conservan la ofensa largamente. Su ánimo cambia con frecuencia y con facilidad se muestran malhumorados. No hablan de sus quejas por miedo a ser más lastimados y acumulan dolores y resentimientos. Cuando exteriorizan sus necesidades, desean comprensión y apoyo.

La convivencia entre ellos suele ser difícil. Si bien el fuego no hiere al agua a propósito, su sola expresión despreocupada lo hace ver amenazante, por lo que el agua se asusta temiendo ser lastimada. Cuando el agua deja escapar su emotividad, en vez de suscitar la comprensión del fuego, éste no sabe qué hacer.

El fuego es impulsivo, irrumpe de modo espontáneo y su acción se dirige hacia el exterior, sin requerir necesariamente de una respuesta. En contraparte, el agua es pasiva y sensible, con gran necesidad de expresión y comprensión emocional y se orienta hacia el mundo interno, requiriendo siempre de una respuesta.

El fuego quiere sexo apasionado, en tanto que el agua necesita encuentros dulcificados por el afecto. Si el agua se siente herida o de malhumor, no puede reaccionar favorablemente. En cambio, a menos que el fuego esté enfermo, su energía sexual se enciende con facilidad. El agua suele castigar el comportamiento brusco del fuego usando el sexo como instrumento de batalla y manipulación.

La intimidad sexual de una relación fuego/agua puede ser excitante si el fuego cuida sus maneras, no actúa con prisa ni brusquedad y no atemoriza al agua haciéndola sentir amenazada y ofendida. Cuando ésta es tratada con delicadeza y es acompañada en sus quimeras, vuelca sus sentimientos abrigadores y brinda ternura y consideración.

Uno de sus conflictos más fuertes estriba en rechazar el comportamiento del otro y tratar de imponerle el estilo propio. Es difícil que adopten una dinámica de mutua adaptación.

Con una buena dosis de disposición, el fuego y el agua pueden conseguir un lazo duradero. El fuego deberá esforzarse para tomar en cuenta la excesiva vulnerabilidad del agua. Ésta deberá superar su tendencia a sufrir en silencio y a guardarse sus rencores. El fuego tendrá que hacerle ver al agua que no tiene intención de dañarla, mostrándose considerado y atento de las necesidades emocionales de ésta. El agua deberá controlar su emotividad para evitar los vaivenes de sus continuos cambios de humor.

De no ser así, el agua apaga al fuego o el fuego hace "eva-porar" al agua, la cual se retira victimada a un rincón para lamentar su suerte, sumida en la enfermedad o en la humedad del llanto o del alcohol, sintiendo que amó demasiado y no fue correspondida. Comprensiblemente, se agrega un factor adicional de conflicto cuando es la mujer quien posee el fuego y el hombre el agua.

Goodman advierte que el fuego de gran magnitud puede deshidratar o secar una pequeña cantidad de agua con su calor excesivo, pero, por otro lado, grandes cantidades de agua pueden apagar el fuego, extinguiendo sus llamas. Por tanto, el fuego teme instintivamente al agua y viceversa. Ambos intuyen inconscientemente el peligro de que cada uno de ellos destruya al otro.

En lo que se refiere a la **relación aire/tierra**, en la naturaleza, el aire es un factor esencial para polinizar las flores y trasladar las semillas para que la tierra las haga germinar. Asimismo, el aire erosiona la tierra y levanta gran cantidad de polvo, por lo que el ambiente se enturbia.

Encontramos una situación idéntica a la del vínculo entre el fuego y el agua. El aire es masculino y la tierra, femenina; a pesar de ello, no comparten alguna cualidad, pues el primero es caliente y húmedo y la segunda es fría y seca. Lo caliente se expande, lo frío se contrae. Lo húmedo permanece flexible, lo seco se quiebra. Por fortuna para ellos, tienen un punto de coincidencia: los dos son afectos a la racionalidad, aunque la enfocan de una manera diferente. El aire teoriza y la tierra formula y ejecuta aplicaciones prácticas. Si estas facultades se asocian, tienen ante sí un factor provechoso, pues se combinan el que reflexiona y el que ejecuta.

La persona de aire vive en el mundo de lo abstracto, mientras que la persona de tierra se adentra en los detalles y lo concreto. Uno genera alternativas de solución a los problemas, el otro "aterriza" esas genialidades y les otorga una utilidad tangible.

El aire estimula la pereza mental de tierra y ésta trae a la realidad los vuelos fantasiosos del aire y les da estabilidad y sustancia, ayudándole a sacar provecho material a sus cualidades intelectivas.

La tierra ve al aire demasiado volátil, imprevisible o cambiante y cree que le ofrece pocas garantías de seguridad. Por otro lado, el aire suele aburrirse de los planteamientos meticulosos de la tierra y de su actitud materialista, minuciosa y conservadora, demasiado a ras del suelo para el deseo de vuelo del aire.

Vistas las cosas de ese modo, la tierra y el aire tienen mucho que hacer juntos si se ponen de acuerdo. Mientras tanto, la tierra podrá acusar al aire de ser demasiado impráctico, superficial y difícil de sujetar, en tanto que el aire se ahoga con el enfoque conservador y materialista de la tierra.

La brillantez conceptual del aire y la persistencia y organización de la tierra son la esencia del progreso del mundo. Uno aporta el conocimiento y el otro, la utilización de éste. Uno genera la ciencia, y el otro, la tecnología. El problema radica en su relación estrictamente personal. El peso de sus distintas perspectivas se deja sentir en el ámbito de su intimidad.

Ambos ponen a distancia sus sentimientos: el aire, para no perturbar su pensamiento; la tierra, para que no interfieran con su determinación de hacer algo útil y concreto. El aire disfruta de no atarse a los compromisos emocionales. La tierra no incluye lo emotivo como parte de la realidad que maneja.

El romanticismo del aire consiste en el requiebre de las ideas y la verbalización, el refinamiento de las formas y la retórica en la palabra, lo cual a la tierra le parece una pérdida de tiempo. A ésta le interesan los hechos, la corporalidad, la productividad, la rentabilidad y esto el aire lo califica como un materialismo insoportable, donde no cuentan los valores como el bien y la verdad, sino sólo el rendimiento.

En la intimidad, para disponerse a actuar, el aire necesita de estímulos mentales donde estén presentes las insinuaciones sutiles, la fantasía y las buenas maneras, en todo lo cual la tierra es inexperta. En cambio, ésta requiere de estímulos externos y físicos, demostraciones directas surgidas del refrán que reza "hechos son amores y no buenas razones", las que al aire le parecen burdos y motivados por un interés puramente corporal y material.

Por todo esto, las combinaciones aire/tierra funcionan mejor como relaciones laborales donde la vida emocional y el sexo no están presentes como vínculo personal.

Esta relación demanda, como la del fuego y la tierra, que conozcan, acepten y respeten sus diferencias para que puedan caminar juntos.

Al referirse a esta modalidad de relación, Goodman expresa:

> [...] la tierra contiene aire y lo necesita, pero el aire no contiene tierra ni la necesita; la tierra tiene que permanecer donde está y sólo se mueve mediante terremotos o fuerzas volcánicas o exteriores; el aire se ha emancipado de estas restricciones y se mueve por encima de la tierra, obedeciendo a su propio capricho. En cambio, la tierra se queda mucho tiempo en el mismo lugar y se mantiene distante del aire, aparentemente ajena a su existencia, hasta que los fuertes vientos turban aquello que crece sobre su superficie.

Para vivir plenamente en pareja

Nuestras relaciones pueden ser o no gratificantes, pero aprendemos mediante esa interacción. El beneficio que obtenemos no sólo se deriva de los momentos de gozo y esplendor; con frecuencia, nuestros verdaderos aprendizajes están dados por situaciones difíciles y perturbadoras.

Todos queremos ser felices, pero el camino hacia la felicidad no estriba en vivir una vida despreocupada y evasiva de nuestras responsabilidades. Antes bien, cuando hacemos esto, algún día nos encontramos con sorpresas desagradables y consecuencias funestas. En cambio, si actuamos con apertura, curiosidad y queriendo crecer, podemos sumergirnos en relaciones comprometidas y enriquecedoras. En consecuencia, la pregunta que tendríamos que hacernos no es con quién puedo ser feliz, sino con quién puedo aprender lo que requiero, pues, si me abro al aprendizaje, estaré en condiciones de aprender armoniosamente y derivar de ello una sensación de plenitud y felicidad. La ley de la atracción tiene una doble consecuencia: sentimos simpatía por aquellos que ostentan cualidades similares a las nuestras y, a la vez, por quienes parecen tener lo que a nosotros nos falta. Lo primero, porque nos gusta vernos al espejo y comprobar que poseemos características destacables y, lo segundo, ya que al mirar en otros lo que nos atrae, pero que no tenemos, nos sentimos completos.

Si consideramos las variables astrológicas, el fuego y sus signos zodiacales tienen una afinidad natural, tanto consigo mismos como con el aire y sus signos; igual sucede entre el agua y la tierra y sus signos. La compatibilización implica un mayor trabajo de integración cuando el contacto se da entre el fuego y la tierra y sus signos, y entre el aire y el agua con sus signos. Las relaciones entre fuego y agua y aire y tierra son mucho más complicadas debido a que existe una condición *per se* de animadversión.

Nos sentimos fascinados por quienes exhiben rasgos positivos que creemos no poseer, pero también nos enfurecemos cuando los demás nos hacen ver por la fuerza de su presencia aquello que rechazamos en nosotros mismos.

Una persona caracterizada por su idealización puede sentirse atraída y complementada por alguien que le proporciona un marco de realismo. En realidad, ambos amplían su esfera de conciencia y obtienen un beneficio; no obstante, en la medida en que cada uno persista en su postura original y se resista a aceptar el punto de vista del otro, vienen las acusaciones: "tú siempre andas en las nubes", "tú eres un materialista", etc. Así, llegamos a despreciar lo que al principio nos resultó atractivo.

Atraemos a las personas con base en nuestras propias necesidades, por lo que no habremos de quejarnos de su presencia en nuestra vida, aunque sea doloroso lo que ocurra entre nosotros.

Mediante las relaciones humanas y, en particular las maritales, ponemos en acción un mecanismo de complementariedad; sin embargo, para desarrollarnos, no basta vivir "de prestado". Para sentirnos en plenitud, debemos integrar las cualidades que nos corresponde desarrollar. No es suficiente permanecer junto a las personas que las poseen.

Mientras no reconozcamos e incorporemos las cualidades que vemos en el otro, la complementariedad es sólo una ficción y seguiremos atados a una condición de dependencia, pues, si la otra persona deja de estar a nuestro lado, quedamos incompletos al instante. Por este motivo, las rupturas suelen ser angustiantes.

La astróloga Liz Greene destaca que ninguna combinación con otra persona, por muy perfecta que sea, puede crear una verdadera totalidad interior, puesto que no hay que olvidar que el propósito del desarrollo humano es alcanzar el ser realmente completos.

Cualquier relación, por más grata que sea, que se fundamente en la complementariedad gracias a otro, confirma que algo nos falta. Como consecuencia de lo anterior y en función de la madurez o nivel de desarrollo de sus integrantes, las parejas se clasifican como dependientes, independientes e interdependientes. Los diversos estilos de relación derivados de los criterios astrológicos descritos en los capítulos anteriores pueden ser vividos a partir de estas tres modalidades de complementariedad.

Las parejas dependientes están integradas por dos seres que requieren imperiosamente el uno del otro para sentirse completos. En alguna medida, todos necesitamos amor y valoración, pero cuando esta demanda es incontrolable, quedamos a expensas de los demás, lo que trae como consecuencia que cada uno sea dependiente del otro. Uno necesita al otro y el otro requiere ser necesitado. Lo destacable es que ambos están atrapados; no obstante, estos papeles se intercambian en función de las circunstancias, como se observa cuando entra en operación el trágico triángulo de perseguidor-salvador-víctima.

Una persona acusa a otra de tener un comportamiento agresivo. Aquí, son evidentes las funciones de perseguidor en la primera y de victimización en la segunda. La respuesta no se hace esperar; la víctima inicial culpa a su perseguidor diciéndole: "Eres tú quien lo provoca". Los papeles han cambiado: el perseguidor original pasa a víctima y la primera víctima ahora es perseguidor. Luego, alguno de ellos siente algún remordimiento y afirma: "Tienes razón, lo que pasa es que últimamente no has dormido bien", con lo que de perseguidor se transforma en salvador de la víctima.

Las personas dependientes no pueden permanecer sin la persona en la que depositan su atención central y repiten una y otra vez el triángulo del conflicto. Tienen una necesidad exagerada de su compañero. Requieren ser motivados e, incluso, tener alguien por quien luchar, por quien trabajar, por quien vivir, pero también alguien a quien echarle la culpa si las cosas no van bien. Eluden la responsabilidad de sus vidas y la trasladan al otro. Se dicen: "Soy desdichado porque mi pareja es muy dominante", "no me he realizado porque me casé", "no he triunfado porque tengo mala suerte" o "las cosas van mal por culpa de los tránsitos planetarios".

Proyectan en la pareja sus fracasos y sienten miedo a ser descubiertas. Mienten y se mienten a sí mismas. Se sienten víctimas perseguidas por la aplastante realidad, pero a la vez son victimarias. Evitan tomar sus propias decisiones y esperan que su pareja las tome por ellas. Esperan que ésta satisfaga sus deseos y necesidades, mas no se las hacen saber y ni siquiera le dan pistas de cómo hacerlo. Aguardan pasivamente a que el otro adivine lo que desean y, cuando no se los dan, muestran enfado, se enojan, se vengan o se vuelven indiferentes. Como el otro no acierta, le pasan la factura de su insatisfacción.

Las personas dependientes no pueden percibir ni aceptar la realidad objetiva. No aceptan sus capacidades y limitaciones, pero tampoco las de su pareja. Están muy pendientes de la expresión facial de su pareja y si ésta sonríe se sienten felices, pero si tiene mala cara sienten enfado o culpa, preguntándose: "¿Qué he hecho yo ahora?" En contraparte, juegan a culpabilizar al otro con su expresión, exageran los defectos y fallas de su compañero para sacarles el máximo provecho.

Las personas dependientes forman parejas dependientes. En ellas, ambos miembros están enganchados el uno al otro. Ninguno de ellos siente o tiene la capacidad de hacer su vida por sí mismo. Su lema es "insatisfechos, pero juntos", aunque algún día el descontento erosione tanto la relación que ésta acabe por deshacerse, pues se basaba en el principio de "te amo, porque te necesito".

Las **relaciones independientes** son la contraparte de lo expuesto arriba. Aquí, cada uno de los miembros de la pareja se vive como unidad completa y su comportamiento da a entender que no requiere del otro ni de nadie; sin embargo, no se trata de estar realmente completos, ya que mientras sigamos regresando a este mundo, es porque tenemos áreas incompletas. Cuando hayamos culminado el desarrollo, como ha sido expuesto antes, consumamos el atman, regresamos a Él y quedamos en posibilidad de volver, pero ya no para atender tareas pendientes, sino para ayudar a los hermanos menores.

Las relaciones independientes son producto de un acendrado individualismo, vivido en los niveles egoicos previos o iniciales de la fase personal, como se ha descrito en el apartado correspondiente. Los integrantes se dicen: "Mi vida es mi vida y lo demás no me importa". De esta manera, la pareja tiene pocos objetivos comunes y se comparten escasamente, ya que les da igual si coinciden o no en algo.

Se podría decir que, en este tipo de relación, hay un excesivo individualismo y difícilmente se acepta la idea de ceder en algo para formar un nosotros. Ninguno quiere tomarse la molestia de pensar en el otro, ni están dispuestos a pagar el precio de ponerse de acuerdo porque tendrían que negociar, ceder, dar y recibir, pero ninguno quiere hacerlo. No desean perder nada, aunque su actitud tampoco les da margen a ganar. Su lema es: "ganar aunque el otro pierda".

Los miembros de esta sin-pareja mantienen un fuerte temor a perder la libertad y por eso eluden todo aquello que huele a compromiso, pues podrían entregarse y ser abandonados. Temor a depender y quedar atrapado.

En realidad, la dependencia y la independencia son dos caras de una misma moneda. Algunas personas quieren tenerlo todo: las ventajas de contar con una pareja, pero sin las responsabilidades que ello entraña. Esto se observa con frecuencia entre algunas personas que deciden hacer vida de pareja, pero sin vivir juntos. No quieren comprometerse debido a que no aceptan que, al elegir algo, deben renunciar a otra cosa.

En la **pareja interdependiente**, los involucrados identifican y aceptan que no están completos. Trabajan para ser mejores cada día y asumen la responsabilidad de lo que son y de lo que no son. Se dicen a sí mismos: "Yo soy yo y tú eres tú, pero decidimos formar un nosotros".

Ambos reconocen su propia identidad y la tienen en alta estima, pero se saben en proceso de complementariedad, por lo que se asocian para apoyarse mutuamente.

Establecen el compromiso de convivir y permanecer, por lo que están dispuestos a resolver cualquier dificultad que aparezca y a invertir la energía que sea necesaria para ponerse de acuerdo. En el caso extremo, si perciben que ya no hay remedio, establecen de común acuerdo las condiciones para dejarse en libertad.

Cada uno está empeñado en alcanzar sus propios objetivos, pero, al mismo tiempo, en apoyar al otro en la consecución de los suyos y en propiciar la conciliación adecuada cuando éstos puedan ser divergentes. Han establecido un acuerdo de voluntades. Su lema es "juntos y satisfechos".

La vida de estas parejas implica estas afirmaciones: "Yo soy capaz de vivir sin ti, pero deseo compartir mi vida contigo". "Dependo de ti en parte y tú, en parte, también dependes de mí". "Te necesito porque te quiero". "He decidido amarte y por eso mi amor por ti es más una decisión que una necesidad". "Yo tomo mis propias decisiones en aquellas áreas que he decido que sean sólo mías y tú tomas las tuyas, pero, aun así, continuamos siendo nosotros". Para lograr esta forma de relación se requiere haber trabajado a profundidad en el crecimiento personal. Es indispensable un buen grado de conocimiento de uno mismo, de sus motivaciones, anhelos, capacidades, carencias, objetivos; en suma, de su tarea de vida.

Adquirir este bagaje es un proceso paulatino. Excepcionalmente, está a la mano desde temprano en nuestra vida. Sólo el flujo y reflujo de los acontecimientos nos va preparando para alcanzarlo. En ocasiones, el quebranto de relaciones iniciales es el que hace posible darse cuenta y, entonces, se accede a una segunda oportunidad.

Por la propia ley de la atracción, la persona correspondiente aparece en el escenario. La comunicación es un factor fundamental, primero para saber quién es ese otro que entra en nuestra vida y, después, para generar un espacio común y definir lo que queremos compartir, a qué nos comprometemos cada uno y qué estamos dispuestos a hacer para conseguirlo.

No habrá que idealizar a este tipo de pareja, también tiene diferencias y dificultades; debe resolver problemas y dificultades como todas las demás. Compartirán áreas afines, pero habrá contenidos contrastantes o incluso conflictivos. La diferencia de fondo es que están dispuestos a compartirse y a ver los obstáculos como oportunidades para dar mayor solidez y armonía a su relación.

Muchas de estas personas deciden contraer matrimonio al considerar que ello les permite reflejar social y públicamente el compromiso que han adoptado; sin embargo, lo verdaderamente trascendente es el vínculo interno que va mucho más allá de las bandas sociales por medio de formalidades jurídicas o religiosas. Pero... ¿qué es lo que hace que las parejas permanezcan unidas y satisfechas?

Gracias a la investigación, se han puesto al descubierto las características de las parejas que han hecho prevalecer el afecto, la armonía y la satisfacción de vivir juntos a lo largo de los años.

Uno de los hallazgos es que las parejas que se han constituido con base en sus afinidades previas y a cuyos miembros les ha sido suficiente con desplegar su comportamiento en forma espontánea y natural son una minoría.

La mayoría de las parejas está integrada por individuos con perfiles contrastantes o abiertamente contradictorios, pero que han introducido ajustes a su personalidad, ya sea mediante un esfuerzo específico o como producto de la batalla diaria de la vida y ello les permite disfrutar de cierta plenitud.

Además, se ha detectado que ambos grupos, es decir, tanto aquellas parejas que tienen un engranaje por afinidad natural, como aquellas que lo adquieren mediante un proceso de mutua adaptación, poseen ciertas características distintivas, mismas que se exponen a continuación.

Las parejas exitosas **ponen a su compañero en primer lugar**. La pareja está por encima de los compromisos de trabajo, de sus amistades, de su lucha por alcanzar una posición socioeconómica y aun de sus propios hijos. No permiten que éstos dañen su relación, ni les dan mayor atención que la que conceden a su pareja, excepto en aquellos momentos en que es absolutamente indispensable.

Han establecido el **compromiso** de que sortearán todas las tempestades y se mantendrán al lado de su compañero.

Las personas y las parejas pasamos por sucesivas transformaciones. A lo largo de los años, hemos cambiado tanto que queda poco de lo que fuimos al principio. Los sucesos de la vida y, sobre todo, los momentos críticos, generan situaciones tensionantes. En algún momento, aparecen los problemas, desajustes y diferencias, es ineludible.

A pesar de ello, las dificultades son más llevaderas y la convivencia más gratificante cuando ambos se comprometen a resolver cualquier obstáculo que se presente. No se trata de permanecer con resignación y dolencia, sino de actuar de manera constructiva para permanecer juntos y mantener un nivel gratificante de calidad en su relación.

Los miembros de la pareja poseen un buen grado de **conocimiento tanto de sí mismos como de su compañero**, de sus intereses, de sus necesidades, de sus carencias y de los comportamientos que les resultan desagradables del otro.

Quienes se conocen y conocen a su pareja, descubren que el otro es otro. Por más parecido que haya entre los dos, por más amor que nos una, por más buena voluntad que nos anime, el otro es otro y no una extensión de uno mismo. Cada uno proviene de un nicho familiar con características propias. Trae consigo su propia historia, cultura, anhelos, gustos, aversiones, resistencias, experiencias, etc.; sin embargo, con frecuencia asumimos que nuestro compañero tiene que ver la vida como nosotros la vemos, que seguramente ha de tener los mismos propósitos, puntos de vista y necesidades.

Aún cuando hipotéticamente fuéramos idénticos, cada uno debe recorrer y experimentar su propio camino.

Se **proporcionan retroalimentación, con verdad y oportunidad**. Periódicamente, expresan con libertad lo que les gusta o les desagrada del otro, procurando hacerlo con respeto y cuidado.

Para estar en condiciones de disfrutar y estar disponible para el otro, cada uno de los miembros de la pareja debe ser él mismo. Si nos sentimos invadidos e imposibilitados de actuar con libertad y franqueza, nos sentiremos insatisfechos y surgirán las incomodidades y los conflictos.

Brindarse información sobre la percepción que tienen el uno del otro contribuye a lograr un mayor dominio sobre su comportamiento y a reforzar los aspectos positivos de la relación. Esta retroalimentación no tiene el propósito de modificar a la otra persona, sino de crear una atmósfera en la cual cada uno se sienta libre y pueda expresar sus necesidades y sentimientos sin miedo a ser atacado o castigado.

Cuando surgen los conflictos, los encaran tan pronto como aparecen. Si la situación lo amerita, aguardan a que las condiciones sean propicias, pero nunca los posponen indefinidamente o niegan su existencia. Así, evitan que los pequeños enojos se acumulen y conviertan un problema en algo más grande de lo que es.

Ejercen dominio sobre sus emociones y las dirigen asertiva y adecuadamente. El manejo de las emociones es vital para que la pareja prevalezca. Todos tenemos derecho a sentir lo que sentimos. Más aún, a expresar lo que sentimos; pero ninguno tenemos derecho a lastimar a los demás con la exteriorización abrupta e incorrecta de nuestras emociones.

La expresión de las emociones naturales es adecuada y saludable en ciertas situaciones e inadecuada en otras. Es sano expresar las emociones que surgen en nuestro interior, pero por la propia protección y la de los demás, debemos hacerlo bajo control y en función de las condiciones que imperan en el momento en que emergen.

En ocasiones, cuando estamos enojados, soltamos con fuerza y a la ligera afirmaciones que hieren a quienes las escuchan; más tarde, quedamos tranquilos, pero las personas que sufrieron nuestra exaltación pueden estar resentidas. Esto es especialmente destructivo; abandonarse a la ira y a las reacciones violentas pone en peligro el respeto que la pareja merece. Controlar la expresión de nuestras emociones e impulsos nos hace ser más dueños de nosotros mismos y nos permite entablar una mejor vinculación con nuestro entorno.

Controlar las emociones implica darles una vía de expresión saludable para nosotros y para los demás. No significa reprimirlas, sino darles un cauce apropiado.

El rumbo adecuado es aquél que aporta beneficios para uno y para su entorno; como compartir la alegría, protegerse

ante situaciones amenazantes, distensarse, expresar las incomodidades y alcanzar un mejor entendimiento con alguien. Si
ello ocurre bajo un clima de respeto, las tensiones y enfrenta-
mientos causados tendrán un desenlace positivo, pues al final
conseguirán un estado de armonización.

No es recomendable contener las emociones; algunas personas tienen temor a expresar sus inconformidades y enojos.
Se dice que "el que se enoja pierde", pero esto no tiene nada
que ver con la salud emocional; por el contrario: si algo nos
molesta, lo correcto es expresarlo. Si callamos, retenemos el
malestar por algún tiempo y, de tanto reprimirlo, tarde o temprano vendrá la explosión, gritaremos, insultaremos y reñire-
mos, pero las cosas no se arreglarán.

Más bien, habría que decir que "el que se expresa sin control pierde". Pierde los estribos, se conduce en forma irreflexiva, corre el riesgo de lastimar y de que la gente que está a su
alrededor le dé la espalda. Pierden, también, sus seres queridos
porque se sienten incómodos y, finalmente, toman distancia y
se van. **Cada uno de los miembros de la pareja se hace responsable de sí mismo**, de sus sentimientos y actos, por lo que
no atribuye a su pareja ser la causa de su tristeza, felicidad o
bienestar. Nadie tiene que cargar con la responsabilidad de la
vida de otro. Uno es responsable de sus propios éxitos y de sus
fracasos, aciertos y errores, sentimientos y deseos, decisiones,
felicidad, placer sexual, de todo lo que piensa, siente, hace,
espera, promueve y comunica.

Su bienestar no está a expensas de alguien que no sea él mismo. Todo lo que nos ocurre tiene un motivo y uno es el origen de ello. Cada uno cosecha lo que ha sembrado. Si deseamos obtener ciertos frutos, debemos poner los cimientos para producirlos. Nadie tiene lo que no le corresponde, así que nada gana uno con lamentarse y atribuirle sus desgracias a los demás.

En la vida conyugal, uno es responsable de sí mismo y el compañero hace lo propio. Él o ella no es responsable de los desengaños, dolencias o infelicidad del otro.

Si estamos esperando que nuestra pareja se haga responsable de satisfacer nuestras necesidades y creemos que debe hacernos felices, seguramente vamos al fracaso.

Debemos dejar de eludir nuestras responsabilidades y de justificar nuestros actos. Muchos se amparan diciendo que fueron muy desdichados en su infancia, pero ello no justifica nada; menos aún si consideramos que nuestras carencias son producto de lo que hayamos sembrado en vidas previas.

Asumen responsabilidades compartidas. Si bien cada uno es responsable de sí mismo, establecen el compromiso de apoyarse mutuamente. Las situaciones y la forma que adopte este apoyo mutuo dependen de cada pareja.

Las necesidades de cada uno de sus integrantes son muy particulares y habrá que ponerlas sobre la mesa porque ninguno puede adivinar lo que el otro espera y necesita. A partir de entonces, cada uno se compromete a brindar apoyo a su compañero para que éste logre su cabal realización, pero esto no significa hacer lo que al otro le corresponde.

Si no estamos en condiciones de apoyar a nuestro cónyuge para que logre su vocación de vida y sólo pensamos en atender las propias necesidades, entonces no estamos en condiciones de vivir en pareja.

Enriquecen mutuamente su relación mediante un esfuerzo de cooperación que consiste en participar con alguien para conseguir un objetivo común y compartir las consecuencias y beneficios; implica trabajar en equipo y estar dispuesto a dar y a recibir.

No es ponerse a disposición del otro para hacer lo que éste quiera y dejar de lado la satisfacción personal, sino trabajar juntos para satisfacer las necesidades de ambos. En alguna medida, entraña conciliar y ceder, aunque no necesariamente renunciar a lo que nos interesa.

En las relaciones de pareja, la cooperación es indispensable. No es posible pensar en la permanencia y mucho menos en la armonía si no se da la cooperación.

Asimismo, cooperar significa dejar de competir. Si uno deja de lado el tratar de contender con la pareja, entonces abandona la idea de derrotarla y se elimina la necesidad de ir por el desquite, pues uno tampoco es derrotado. Así, la pareja se convierte en aliado y ambos ganan.

Mantienen su intimidad como algo que sólo les compete a ambos, por lo que no permiten que otros interfieran. En su vida sexual, toman en cuenta las necesidades y preferencias de su compañero, procurando que ambos obtengan placer y satisfacción. No ventilan las diferencias con su pareja en público, no importa cuán enojados estén. A menudo, se demuestran afecto y cariño, ya sea mediante acciones o expresiones verbales. Si bien se dice que las acciones hablan más fuerte que las palabras, uno se siente muy impresionado cuando las escucha, en especial cuando son gratificantes y halagadoras.

Evitan la rutina. Su comportamiento es espontáneo y prescinden de la habitual repetición de algún esquema, incluso de aquellos que han probado serles gratos y apetecibles. Las uniones muy estructuradas casi siempre llegan a producir fastidio y hacen perder la motivación. Hacer las mismas cosas de la misma manera cada día, empobrece la convivencia, en particular en lo que concierne a la vida sexual.

Cada uno está dispuesto a **perdonar** las faltas del otro, por lo que evitan utilizarlas para manipular y no se aferran al enojo, ya que ello provoca que la otra persona no se sienta querida. El poder del perdón es extraordinario cuando es pleno debido a que convoca lo mejor de las personas y las transforma positivamente. Es importante observar que perdonar libera al que cometió la falta, pero el que perdona también se libera a sí mismo de la carga del rencor.

Las parejas exitosas, emprenden alguna **actividad conjunta** aunque sea una vez por semana. Desde luego, tiene que ser algo que interese y gratifique a los dos. Dedicar algún tiempo para divertirse y reír juntos, refresca la relación y la fortalece. El espectro es amplio: deporte, yoga, ir al cine, desarrollar actividades caritativas, acudir a exposiciones y conferencias, cenar fuera de casa, etcétera.

Tienen **espacios y tiempos para cada uno**. Equilibran el tiempo, dándose ocasión para estar juntos, aunque también para tener actividades por separado, solos o con los amigos. Cada quien posee un espacio físico en el que puede encontrarse a solas consigo mismo. Así, dejan al otro respirar a sus anchas. Quienes son posesivos y controladores provocan en sus parejas lo contrario a lo que hubieran deseado.

Actúan constructivamente. Uno no es dueño de sí mismo hasta que no ha aprendido a actuar constructivamente. Cuando no actuamos de manera constructiva, ponemos en riesgo nuestra salud, nuestra felicidad, nuestras relaciones, todo lo que somos.

Actuar en forma constructiva es respetarse y respetar a los demás. El respeto se fundamenta en la convicción de que todos tenemos derecho a pensar, opinar, decidir y actuar de acuerdo con nuestro propio código de conducta.

Para vivir con plenitud y lograr relaciones de pareja satisfactorias, debemos actuar constructivamente y evitar lo que sea destructivo, en especial para aquellas personas que amamos.

El daño puede provenir de los pensamientos, como cuando uno piensa que no sirve para nada, que va a fracasar, que es inferior, que es superior, que la vida no vale la pena.

Dañamos cuando insultamos, despreciamos, maltratamos o abandonamos.

En nuestros cursos proclamamos la conveniencia de practicar lo que hemos denominado los **cinco acuerdos básicos de la pareja**. Debemos reconocer que la idea surge al repasar los extraordinarios planteamientos de la sabiduría tolteca que Miguel Ruiz formula en sus libros y seminarios.

Los cinco acuerdos básicos son postulados que consideramos como la base fundamental para cimentar relaciones sólidas con la pareja. Son muy sencillos, aunque su observancia es poderosa. No decimos que sea lo único que debamos hacer, pero sí, que si los tomamos en consideración, lo demás casi viene por añadidura. Consideramos que el primer acuerdo que deberíamos establecer es el de **dialogar para establecer y conservar el espacio común**. Es tan elemental, que se da por sentado que deberíamos practicarlo; no obstante, hablamos y hablamos, pero, con frecuencia, no nos comunicamos.

El punto es que ambos miembros de la pareja se comprometan a tratar cualquier asunto relevante que les concierna, ya sea en lo individual o en el terreno común y no rehuirlo por más espinoso que pudiera parecer. Los contenidos son diversos: sentimientos, resentimientos, dudas, necesidades, miedos, aspiraciones, responsabilidades, planes, familia, hijos, gratificación sexual, celos y trabajo, entre otros.

Dialogar implica expresarse, escuchar, responder, clarificar, verificar si uno ha entendido (con la mente) y comprendido (emocionalmente), tomar en consideración los contenidos que se intercambian. Se necesita mantener apertura mental, atención a las ideas del interlocutor y disposición a modificar los puntos de vista sostenidos. Se requiere tomar la iniciativa cuando emerja alguna inquietud y estar dispuesto a conceder la atención consecuentemente. No se trata sólo de hablar, sino de la voluntad de conversar con profundidad, teniendo el oído suficientemente dispuesto y no sólo la boca y, por encima de todo, la tolerancia para escuchar lo que no nos gusta ni complace.

Los enemigos más comunes del diálogo son los juegos de poder que tratan de imponer o manipular, las verdades a medias, escuchar sólo lo que se quiere oír, rechazar la expresión del otro y lo que llaman *los radios prendidos* mediante los cuales cada uno dice lo que quiere, pero no hay la retroalimentación consiguiente.

Se podría decir que este principio contiene a los demás, pues la apertura al diálogo posee efectos sobre todo nuestro comportamiento. Asumir este principio implica poderle decir a la pareja: "Me comprometo contigo a tomar la iniciativa para decirte, con verdad y profundidad, todo lo que considere indispensable expresar para mantener sana nuestra relación y a escuchar con apertura y consideración lo que tú necesites decirme".

El segundo principio tiene que ver con la idea de **consagrar la realidad**, es decir, basar la relación en lo que efectivamente somos y estamos dispuestos a compartir.

Hay una gran cantidad de razones por las cuales nos sentimos atraídos por alguien y nos enamoramos. El flechazo nos hace idealizar a la persona, de modo tal que cada uno nos vinculamos no con ella en sí, sino con la imagen que nos formamos de ella.

En la etapa de galanteo, procuramos mostrarnos física, psicológica y conductualmente con nuestras mejores galas. A veces, sólo se trata de lucir lo que en verdad somos, pero también ocurre que, al querer impresionar, mostramos una cara que no tenemos. En cierta forma, estamos faltando a la verdad.

Cuando nos enamoramos, se reduce nuestra capacidad de ver la realidad porque vemos la persona amada no como es, sino como nos gustaría verla, con cualidades que nos parecen estupendas y atractivas.

Conforme vamos conociendo a nuestra pareja, o por la misma convivencia y la rutina, nos conectamos poco a poco con la persona real.

Entonces, nos sentimos desencantados o, incluso, engañados, pues va emergiendo un perfil que se parece poco a la imagen idealizada y, de inmediato, la bajamos de la cumbre donde la habíamos colocado.

Eso mismo ocurre con lo que creíamos que la otra persona estaba dispuesta a hacer por la relación. Con frecuencia, las expectativas sobre el comportamiento del otro se basan en meras figuraciones nuestras, pero no en declaraciones y compromisos expresos y luego nos llevamos la sorpresa de que ni siquiera había considerado hacer las cosas de esa manera.

Todo esto nos lleva a la desilusión, conduce al desmoronamiento, la toma de distancia y la ruptura. El antídoto es muy simple: basar la relación en el principio de realidad objetiva y concreta. La valoración auténtica debe ocupar el lugar de la idealización.

Hay que abordar este principio lo más pronto posible; de preferencia, desde antes de formalizar nuestra unión. Pero si no lo hemos hecho desde el principio, la crisis del desenamoramiento puede tener un final feliz, que es el descubrimiento de la persona real y la aceptación de que es un ser humano, no un dios ni un pobre diablo.

En la etapa glamorosa, uno consideraba a su pareja encantadora y maravillosa, pero de pronto la vemos como una persona inmadura con abundantes patologías. La verdad está en un punto en medio de los dos polos. El desenamoramiento trae consigo la gran oportunidad de ver a la pareja como un ser completo con su lado positivo y negativo al mismo tiempo. Hasta entonces, uno puede dejar de estar relacionado sólo con la idea que tenemos del otro y empezar a relacionarnos con alguien concreto, de carne y hueso.

Construir castillos en el aire puede ser muy emocionante, mas no nos brinda un soporte efectivo. Es bueno ser valorados por quienes nos rodean y más por nuestra pareja, pero no es aconsejable fomentar la idealización. En apariencia, perdemos estatura; sin embargo, a la larga, saldremos ganando. Asumir este principio implica poder decirle a la pareja: "Me comprometo a mostrarme ante ti tal como soy. En tanto que soy un individuo valioso, estoy seguro de que encontrarás en mí muchas cosas que te gustarán. Estoy consciente de que también hallarás cosas que te disgusten de mí; esto es ineludible, pero confío en que el amor que sientes por mí hará que me aceptes, aunque procuraré convertirme en una mejor persona cada día; por mi parte, yo procederé de igual forma contigo".

El tercer principio lo hemos llamado **dirimir sin provocar heridas**. En el primer principio establecimos el compromiso de expresar y escuchar todo lo necesario para mantener a salvo la relación. Ahora introducimos un criterio cualitativo: no se trata sólo de decir, sino de cómo decir lo que nos concierne.

Las parejas deben saber y aceptar que tener problemas y discutir es perfectamente normal. Que nadie se desilusione cuando surjan las diferencias y los desacuerdos. En efecto, representan divergencias; no obstante, también son una brillante oportunidad para dejar claras nuestras posiciones y conciliar nuestros criterios. El punto no es dejar de tenerlos, sino saberlos manejar. En suma, dirimir se vale, es necesario y abre las posibilidades para entendernos mejor, aun para entender que no podemos arreglas las cosas.

Con lo que decimos, podemos hacer sentir bien a nuestro interlocutor, transmitirle apoyo, afecto, aceptación o admiración, aunque también podemos golpear su autoestima, descalificarlo, aniquilar sus esperanzas y lastimarlo. La idea es decir todo lo que sea necesario sin lastimar. Podemos discutir, argumentar, sostener nuestras convicciones, oponernos a las de los demás, pero no tenemos derecho a infligirles heridas.

Asimismo, podemos herir con nuestro lenguaje verbal. Si para exponer nuestras ideas empleamos un lenguaje soez, insultante y lastimoso, lo más probable es que no consigamos conciliar nuestras diferencias.

Existen algunas recomendaciones que hacen los expertos: tener claro lo que se quiere decir, ser breve, específico, directo y constructivo, clarificar los sentimientos, no insultar ni burlarse, no juzgar ni descalificar, separar los hechos de las meras impresiones, no interrumpir, dar oportunidad al otro de hablar, tomar en serio sus comentarios y responder respecto de lo que plantea, no mostrar una actitud defensiva y ser descriptivo y no evaluativo.

De igual modo, hay que considerar el lenguaje no verbal, es decir, todo aquello que expresamos mediante los mensajes de nuestro cuerpo, que puede indicar indiferencia, molestia, apoyo, tensión, interés, nerviosismo o afecto. Debemos ser cuidadosos con lo que transmitimos por este canal. Podemos estar comunicando agresión por medio de nuestro lenguaje no verbal, con nuestra postura, los movimientos bruscos, teniendo los puños cerrados, manoteando, golpeando algún objeto, volteando hacia otro lado, frunciendo el seño, sonriendo sarcásticamente, levantando la voz o haciendo declaraciones autoritarias.

Al asumir este principio, deberíamos poder decir a nuestra pareja: "Me comprometo a decirte todo lo que pienso y siento, sin utilizar palabras o tomar actitudes que puedan herirte y apruebo lo mismo de ti".

El cuarto acuerdo es **no suponer**. Somos muy dados a hacer suposiciones y a sacar conclusiones sin fundamentos suficientes. De ahí sigue que creemos estar en lo correcto y, en consecuencia, a dar como válidas nuestras posturas.

Suponer nos lleva a prejuiciar, es decir, a enjuiciar antes de considerar con objetividad los hechos y situaciones correspondientes. Actuar bajo los supuestos formulados es una falta contra la objetividad. Comprenderemos que fácilmente podemos equivocarnos en nuestros juicios anticipados y, más aún, al actuar tomándolos como referencia y fundamento.

Ello es válido tanto si nuestra actitud es positiva y nos lleva a suponer en forma favorable, como si sentimos animadversión y, de manera automática, rechazamos algo. En ocasiones, estamos tan prejuiciados sobre el comportamiento de una persona, que sin pensarlo tomamos una postura descalificadora y adversa.

El antídoto es igualmente sencillo: preguntar o investigar para tener fundamento. De este modo, podemos asegurarnos de que nuestros juicios son justos y reflejan los hechos que en verdad ocurrieron. Aun así, sería muy considerado de nuestra parte dar un margen a la posibilidad de que no contemos con toda la información significativa. Si nuestra pareja está juz-

241

gando cualquier situación en forma incorrecta o anticipada, podemos decirle: "Las cosas no son como las imaginas".

Para atender este principio, podríamos compartir: "Me comprometo a no asumir nada sin tener suficiente información y a preguntarte acerca de cualquier asunto en que tengas duda, antes de adoptar una postura y valoro que tú también te conduzcas de esta forma".

Por último, el quinto acuerdo es **hacer el mejor esfuerzo para mantener una sana relación.** No podemos imaginar a dos personas que decidan hacer vida juntas si no practican este principio. Por desgracia, son pocas las parejas que lo siguen; más aún, vemos a los cónyuges dejarse vencer por las diferencias y los problemas con una facilidad inusitada.

Una frase reiterada en los relatos fantásticos y en las historietas románticas ha sido aquello de que "vivieron muy felices para siempre". La gente continúa idealizando y se imagina que todo irá como miel sobre hojuelas. Supuestamente, aparece el príncipe o la princesa y, bajo una atmósfera encantada, todo es maravilloso.

En una época en la que muchos productos son *light* y desechables, las relaciones de pareja han adoptado este carácter y sus integrantes no parecen estar dispuestos a enfrentar los sinsabores y disgustos. Lo más fácil es culpar al otro de que no podemos ser felices y tratamos de eliminar la amenaza consiguiente, es decir, el vínculo que nos une con ese individuo. En apariencia, el arreglo más fácil es la disolución.

En nuestra sociedad se habla mucho de nuestros derechos. Los gobiernos y las organizaciones civiles han establecido una serie de mecanismos para vigilar que éstos sean respetados cabalmente. A pesar de ello, casi nadie habla de la contraparte: las responsabilidades.

En *El Principito* de Antoine Saint-Exupèry se menciona una frase poética muy a tono con lo que venimos diciendo: "Cada quien es responsable de aquello que ha cultivado". Hacer el mejor esfuerzo para mantener una relación sana implica buscar solución a los problemas que surjan y aceptar que debemos hacernos más flexibles y consecuentes. Entraña considerar nuestra propia superación, antes que enumerar aquello en lo que el otro debe cambiar. Conlleva inducir el cambio con base en el ejemplo que proyectemos.

Refrendar este principio significaría expresar: "Me comprometo a dar lo mejor de mí mismo y a poner todo mi empeño para que nuestra relación prevalezca por encima de nuestras diferencias y dificultades y acepto que lo mismo hagas por tu parte". En las afirmaciones expresadas para cada uno de los acuerdos, incluimos a los dos sujetos. Esto es, como una reiteración y amarre del compromiso.

Bibliografía consultada

Adler, Óscar. *La astrología como ciencia oculta*. Kier.

Alonso y Fabro. *Nodos lunares. El túnel del tiempo*. Kier.

Analytical Psychology: its theory and practice. Random House.

Andrieu, Irene. *Astrología, clave de vidas anteriores*. Sirio.

Arroyo, Stephen. *Astrología, karma y transformación*. Kier.

_____. *Astrología, psicología y los cuatro elementos*. Kier.

_____. *La astrología y los cuatro elementos*. Kier.

_____. *Manual de interpretación de la carta natal*. Urano.

Biblia. Juan 9:2-3. Sociedades bíblicas en América Latina.

Bosia, Jorge E. *Danzando con el cosmos (tránsitos)*. Kier.

Brothers J. *La mujer, el amor y el matrimonio*. Grijalbo.

Buber, Martín. *¿Qué es el hombre?*. Breviarios del FCE.

Carter, Charles. *Astrología, el arte de descubrir su destino*. Edamex.

Cunningham, Donna. *Guía astrológica del conocimiento personal*. Kier.

Dalai Lama, *El arte de vivir en el nuevo milenio*. Grijalbo.

Dethlefsen Thorwald. *Vida y destino humano*. Edad.

Dethlefsen, Thorwald. *La enfermedad como camino*. Plaza y Janés.

Downing, Christine. *Espejos del yo*. Kairós.

El evangelio de Buda. Orión.

Ferguson, Marilyn. *La conspiración de acuario*. Kairós.

Green, Liz y Howard Sasportas. *El desarrollo de la personalidad*. Urano.

_____. *Astrología y destino*. Urano.

Grof, Stanislav. *El juego cósmico*. Kairós.

Hanaker Zondaq, Karen. *Astropsicología*. Madrid: Edaf.

Heindel, Max. *Concepto Rosacruz del cosmos*. Kier.

Hodgson, Joan. *Astrología, la ciencia sagrada*. Kier.

Idemon, Richard. *Astrología de las relaciones*. Urano.

Kruger, Anna. *La astrología, diseños para vivir*. Urano.

Linda Goodman. *Los signos del zodiaco y el amor*. Urano.

_____. *Los signos del zodiaco y su carácter*. Urano.

Llanos, Elena. *Cómo vivir bien en pareja*. Grijalbo.

Marks, Tracy. *El arte de la interpretación del horóscopo*. Kier.

_____. *Su yo secreto*. Kier.

_____. *Astrología del autodescubrimiento*. Kier.

Papalia y Wendkos Olds. *Psicología del desarrollo*. McGraw-Hill.

Parodi, Jorge César. *Astrología y psicología transpersonal*. Mercurio.

Rogers, Carl. *El proceso de convertirse en persona*. Paidos.

Ruiz, Miguel. *La maestría del amor*. Urano.

_____. *Los cuatro acuerdos*. Urano.

Ruperti, A. *La rueda de la experiencia individual*. Luis Cárcamo.

Salas, Emilio y Juan Trigo. *Test astrológico de la pareja*. Roca.

Sasportas, Howard. *Los dioses del cambio*. Urano.

Schulman, Martín. Astrología de la sexualidad. Indigo.

_____. *El karma del presente. (Astrología kármica IV)*. Índigo.

_____. *Relaciones kármicas*. Índigo.

——————————. *Nodos lunares y reencarnación*
(Astrología kármica).

Spencer, Johnson. *¿Quién se robó mi queso?* Urano.

Spiller, Jan y Karen Mc Coy. *Astrología espiritual*. Aguilar.

Thornton, Penny. *Sinastría*. Edaf.

Trigueirinho. *Hora de crecer interiormente. El mito de Hércules*. Kier.

Waxkowsky, Geraldyn. *Astrología kármica. Los tránsitos astrológicos*. Edad.

——————————. *Psicoastrología kármica*. Edaf.

Wilber, Ken. *El proyecto atman*. Kairós.

——————————. *Después del Edén*. Kariós.

Esta edición se imprimió en noviembre de 2009, *en Ares Impresos en Off Set. Sabino No. 28, Col. El Manto, Delegación Iztapalapa, D.F.*